Excel 在财务会计中的应用
（2010 版）

主　编　欧晓燕　黄慧宇
副主编　伍燕红　吴锦云　刘玉芬

北京理工大学出版社
BEIJING INSTITUTE OF TECHNOLOGY PRESS

版权专有　侵权必究

图书在版编目（CIP）数据

Excel在财务会计中的应用：2010版/欧晓燕，黄慧宇主编.—北京：北京理工大学出版社，2018.7（2020.8重印）

ISBN 978-7-5682-5879-1

Ⅰ.①E…　Ⅱ.①欧…②黄…　Ⅲ.①表处理软件－应用－财务会计　Ⅳ.①F234.4-39

中国版本图书馆CIP数据核字（2018）第156581号

出版发行 / 北京理工大学出版社有限责任公司	
社　　址 / 北京市海淀区中关村南大街5号	
邮　　编 / 100081	
电　　话 /（010）68914775（总编室）	
（010）82562903（教材售后服务热线）	
（010）68948351（其他图书服务热线）	
网　　址 / http://www.bitpress.com.cn	
经　　销 / 全国各地新华书店	
印　　刷 / 定州市新华印刷有限公司	
开　　本 / 787毫米×1092毫米　1/16	
印　　张 / 15	责任编辑 / 王玲玲
字　　数 / 358千字	文案编辑 / 王玲玲
版　　次 / 2018年7月第1版　2020年8月第2次印刷	责任校对 / 周瑞红
定　　价 / 39.00元	责任印制 / 边心超

图书出现印装质量问题，请拨打售后服务热线，本社负责调换

随着Excel电子表格软件功能的不断增加和完善，其数据处理能力越来越强，也更多地应用于会计和财务管理工作。作为会计从业人员，必须熟练掌握Excel软件，以提高工作效率，解决工作中的实际问题。本书根据编写团队多年教学和企业实践体会、企业实践专家访谈会意见、会计类专业毕业生对Excel在实际工作中的应用及相关能力要求反馈进行编写。

本书参照一体化课程开发技术规范编写而成，主要以中小企业的财务会计工作流程为编写主线，通过实际财会工作案例，从Excel的基础知识入手，由浅入深地介绍了如何利用Excel解决企业财务会计核算等问题。本书以Microsoft Office 2010为基础，主要内容包括Excel 2010的基本应用、Excel 2010的高级应用、Excel在会计账务处理中的应用、Excel在工资管理中的应用、Excel在固定资产管理中的应用和Excel在购销存管理中的应用六大项目的内容。书中结合大量财务会计实例对Excel的各种应用进行了详细介绍。

本书实例丰富、图文并茂、突出操作、淡化理论、由浅入深、通俗易懂，既突出基础性内容，又重视实践性应用。以实际工作案例为载体，引导读者逐步完成Excel基本表格的操作及进行账务处理。每个任务后面都安排了有针对性的巩固练习，以助于读者巩固、拓展所学的基础知识及专业技能。此外，本书每个任务后面还设计了成果展示及评价项目，这样能让读者对自己所学内容做必要的总结及评价，达到事半功倍的效果。在学校进行项目式一体化教学时，"成果展示及评价"页可作为作业（活页）进行综合评价。本书既可以作为大中专院校、五年制高技、中技会计类专业学生教材，也可以作为单位财务人员短期培训和管理者自学的参考用书。

本书由欧晓燕、黄慧宇担任主编，由伍燕红、吴锦云、刘玉芬担任副主编。编写分工如下：河源技师学院欧晓燕编写项目一和项目三，广东省中山市第一中等职业技术学校黄慧宇和和河源技师学院吴锦云编写项目二，广东省财经职业技术学校伍燕红编写项目四和项目五，广东省中山市第一中等职业技术学校刘玉芬编写项目六。欧晓燕和黄慧宇负责拟定全书大纲，欧晓燕负责统稿和定稿，并负责全书初稿的修改。本书编写过程中，得到了河源技师学院杨耀雄老师和河源市职业技术学校蓝国爱老师的指导与帮助，并参考了不少国内外出版的相关专业教材和资料，在此一并表示衷心的感谢。

本书建议教学课时为72课时（18周×4课时/每周），课时分配见下表。实际教学时可视教学时间和教学对象进行调整。

课时分配建议

教学内容		讲授	实践	合计
项目一	Excel 2010的基本应用	1	5	6
项目二	Excel 2010的高级应用	4	10	14
项目三	Excel在会计账务处理中的应用	6	20	26
项目四	Excel在工资管理中的应用	2	8	10
项目五	Excel在固定资产管理的应用	2	6	8
项目六	Excel在购销存管理中的应用	2	6	8
合　计		17	55	72

本书有各任务的基本素材，供教学、学习参考使用，订购本书的读者可登录"http://www.bitpress.com.cn"免费下载。

由于作者水平有限，编写时间仓促，书中难免有疏漏和不当之处，敬请读者批评指正，并提出宝贵意见。

编　者

目 录 CONTENTS

项目一　Excel 2010 的基本应用

任务一　认识 Excel 2010 工作界面……………………………………………… 2
任务二　编制会计科目表……………………………………………………………11
任务三　编制班费收支情况登记表…………………………………………………21

项目二　Excel 2010 的高级应用

任务一　编制差旅费报销单…………………………………………………………32
任务二　编制员工信息档案表………………………………………………………41
任务三　编制日常费用和收入记录表………………………………………………51
任务四　编制季度销售情况表………………………………………………………63

项目三　Excel 在会计账务处理中的应用

任务一　制作记账凭证表……………………………………………………………86

任务二　编制科目汇总表…………………………………………………………… 95

任务三　编制会计账簿……………………………………………………………… 107

任务四　编制资产负债表…………………………………………………………… 119

任务五　编制利润表………………………………………………………………… 133

项目四　Excel 在工资管理中的应用

任务一　制作工资结算单…………………………………………………………… 143

任务二　制作与打印工资条………………………………………………………… 155

任务三　查询与汇总工资数据……………………………………………………… 163

项目五　Excel 在固定资产管理中的应用

任务一　编制固定资产基础信息表………………………………………………… 172

任务二　编制固定资产折旧表……………………………………………………… 181

任务三　制作固定资产卡片………………………………………………………… 189

项目六　Excel 在购销存管理中的应用

任务一　编制购销存系统基本信息表……………………………………………… 200

任务二　编制出、入库表…………………………………………………………… 207

任务三　编制库存管理表…………………………………………………………… 223

参考文献

项目一 Excel 2010 的基本应用

📋 项目描述

　　Excel电子表格软件是微软公司办公软件Microsoft Office系列的办公组件之一，是目前世界上最流行的表格编辑软件。Excel具有强大的数据计算和处理功能，各行各业都在广泛地应用。Excel的主要特点是它不仅具备强大的记录、存储数据的功能，还具备对数据进行计算、统计、管理和分析的功能，因此在会计电算化工作中得到广泛应用。

　　企业利用Excel进行账务管理，需要以众多的基本单据为依据，企业需要设计各种单据及基本表格，以满足日常账务管理的需求，如会计科目表、客户往来表、供应商往来表及各种成本计算表等。

📋 项目目标

1．知识目标
（1）熟悉Excel 2010窗口组成及功能；
（2）掌握Excel 2010的基本操作方法；
（3）熟练运用Excel 2010输入和编辑工作表数据。

2．技能目标
（1）能对各类表格进行行高、列宽、字体字号、边框底纹、对齐方式等单元格格式设置；
（2）会制作班费收支情况登记表、会计科目表等基本表格；
（3）能设置和打印表格。

3．情感目标
（1）通过任务教学激发学生的学习兴趣和工作热情，并引导他们逐渐将兴趣转化为学习动机，树立自信心；
（2）培养学生会计思维方式、认真的学习态度、严谨细致的工作作风及团队合作意识。

项目一　Excel 2010 的基本应用

任务一　认识 Excel 2010 工作界面

任务描述

小崔是某中职学校会计专业即将毕业的一名学生，他听说很多小型企业采用Excel电子表格代替专业财务软件进行账务处理，于是下定决心要把Excel电子表格软件学好。

Excel是一种功能强大、使用方便，并且以"表格"形式进行数据综合管理与分析的电子表格软件，已广泛应用于财务、统计、审计、会计等领域。Excel凭借其强大的数据处理功能、便捷的操作和灵活的运用，已经迅速与财务工作相结合。目前，许多中小型企业直接利用Excel表格代替会计专业软件进行账务处理。要想学好Excel在会计中的应用，首先要熟悉Excel的基本操作，那么，Excel 2010的工作界面及操作方法与旧版的有哪些不同呢？

任务目标

1. 熟练启动和退出Excel 2010；
2. 认识Excel 2010的工作界面；
3. 创建工作簿和工作表；
4. 保存工作簿和工作表。

任务实施

一、启动和退出 Excel 2010

1. 启动 Excel 2010

常用方法一：单击"开始"按钮，打开"开始"菜单，选择"所有程序"→"Microsoft Office"→"Microsoft Excel 2010"选项，启动Excel 2010。

常用方法二：双击桌面上的"Microsoft Excel 2010"快捷图标，启动Excel 2010，如图1-1-1所示。

任务一　认识 Excel 2010 工作界面

图1-1-1　启动Excel 2010

2. 退出 Excel 2010

常用方法一：在Excel窗口中单击右上角的关闭窗口按钮 。

常用方法二：单击左上角的 图标，打开窗口控制菜单，选择"关闭"命令。

常用方法三：按组合键Alt＋F4。

二、新建工作簿和工作表

1. 新建工作簿

常用方法一：单击左上角的 图标，在下拉列表中选择"新建"命令，这时快速访问工具栏便多了一个 图标，单击这个图标即可新建一张工作簿，如图1-1-2所示。

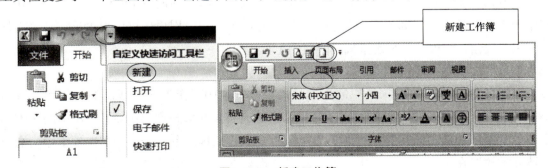

图1-1-2　新建工作簿

常用方法二：单击左上角的"文件"选项卡，打开窗口控制菜单，选择"新建"命令即可新建一张空白的工作簿，用户也可以根据需要选择其他模板工作簿，如图1-1-3所示。

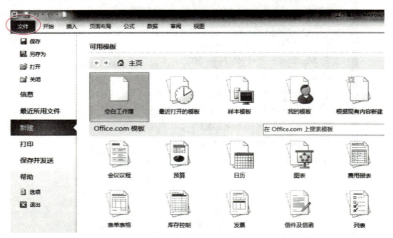

图1-1-3　新建工作簿

2. 新建工作表

常用方法一：单击工作表标签的 图标。

常用方法二：按组合键Shift＋F11。

三、认识 Excel 2010 工作界面

在使用Excel 2010之前，首先要了解其操作环境。Excel 2010的工作界面主要由快速访问工具栏、标题栏、功能区、名称框、编辑栏、工作表编辑区、状态栏等元素组成，如图1-1-4所示。

1. 标题栏

标题栏位于工作界面的最上方，用于显示当前正在运行的文件名称。

2. 快速访问工具栏

快速访问工具栏是一个可自定义的工具栏，位于工作界面的左上角。它包含一组用户使用频率较高的工具，如"保存"和"撤销"等命令按钮。用户还可以单击该工具栏右侧的倒三角按钮，在展开的列表中选择隐藏的工具按钮。

3. 功能区

功能区位于快速访问工具栏的下方，是Excel 2010工作界面中新添加的元素，它将Excel 2003中的菜单栏和工具栏结合在一起，以选项卡的形式列出Excel 2010中的操作命令。单击不同的选项卡标签，可切换功能区中显示的工具命令。在每一个选项卡中，命令又被分类放置在不同的组中。组的右下角通常都会有一个对话框启动器按钮，用于打开与该组命令相关的对话框，以便用户对要进行的操作做进一步的设置。

任务一　认识 Excel 2010 工作界面

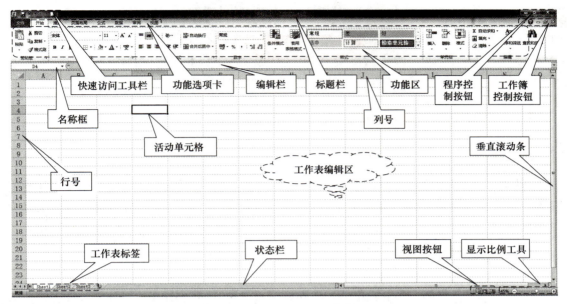

图1-1-4　Excel 2010工作界面

4. 编辑栏

编辑栏主要用于输入和修改活动单元格中的数据。当在工作表的某个单元格中输入数据时，编辑栏会同步显示输入的内容。

5. 工作表编辑区

工作表编辑区用于显示或编辑工作表中的数据。

6. 工作表标签

工作表标签位于工作界面的左下角，默认名称为Sheet1、Sheet2、Sheet3，单击不同的工作表标签，可在工作表间进行切换。

7. 状态栏

状态栏位于工作界面的底部中间，用于显示当前工作区的状态。

8. 显示模式

Excel 2010支持三种显示模式，分别为"普通"模式、"页面布局"模式和"分页预览"模式，单击窗口右下角的按钮可以切换不同的显示模式。

四、保存工作簿（即保存工作表）

保存工作簿的方法有多种，其中最常用的方法有以下三种：

常用方法一：单击窗口左上角快速访问工具栏的 按钮。
常用方法二：单击"文件"选项，在下拉列表中选择 或 按钮。
常用方法三：按组合键Ctrl+S。

知识储备及拓展

一、工作簿、工作表和单元格的关系

1. 工作簿

在Excel 2010中创建的文件称为工作簿，其文件扩展名为".xlsx"。工作簿是工作表的容器，一个工作簿可以包含多张工作表。当启动Excel 2010时，系统会自动创建一个名为"工作簿1"的工作簿，它默认包含三张空工作表，分别是Sheet1、Sheet2和Sheet3，用户可以根据需要自行增减工作表，至少1张，最多255张。

2. 工作表

工作表是工作簿的一部分，由若干行和列组成，是Excel 2010用于存储和处理各种数据的主要文档。一张工作表由1 048 576行和16 384列组成。行号从上到下用数字1，2，3，…表示，列号从左到右用大写字母A，B，C，…表示。工作表行和列交叉的方格称为单元格。每张工作表都有标签，默认的名称为Sheet1，Sheet2，Sheet3，…，Sheet255，可以重新命名。

3. 单元格

在工作表中，行和列交叉的方格称为单元格。单元格用于存储公式和数据。单元格按照它在工作表所处位置的坐标来引用，列坐标在前，行坐标在后。列坐标用大写英文字母表示，从A开始，最大列号为XFD；行坐标用阿拉伯数字表示，从1开始，最大行号为1 048 576。例如，显示在第D列和第4行交叉处的单元格，其引用形式为D4。

单元格中可以包含文本、数字、日期、时间或公式等内容。若要在某个单元格中编辑内容，可以在工作表中单击该单元格，使之成为活动单元格，此时其周围将显示粗线边框，其内容名称将显示在名称框中。

二、单元格地址

工作表的每一个单元格都有唯一的名称，称为单元格地址。地址一般用单元格所在的列号和行号组成的字母数字串表示，如单元格地址D4。

三、单元格区域

单元格区域是用两对角（左上角和右下角）单元格表示的多个单元格。例如，单元格区域B2：C3由B2、C2、B3和C3共四个单元格组成，如图1-1-5所示。

图1-1-5 单元格区域

知识巩固

以5~6个同学为一组，分为6个小组，每个小组各选一名组长，各小组成员之间相互学习，相互讨论并查阅相关资料，完成以下几个问题。由组长汇报本小组成员的掌握情况并填写好任务评价表。

1. 新建一张新的工作簿，并将工作簿重命名为"我的案例"，保存在电脑D:\根目录下。
2. 打开工作簿窗口，熟练说出工作界面分别由哪几部分组成。
3. 保存工作簿的快捷键是什么？
4. 撤销的快捷键是什么？
5. 复制和粘贴的快捷键各是什么？
6. 全选的快捷键是什么？
7. 新建工作簿的快捷键是什么？
8. 格式刷有何用？怎么用？

成果展示及评价

每位同学就任务的完成情况作个人学习总结。然后以小组为单位,可选择Excel电子表格、纸质文稿、演示文稿、展板或海报等形式进行展示,并推荐一名同学汇报学习成果。

1. 个人学习总结

完成情况:_____
_____

遇到困难:_____
_____

解决方法:_____
_____

存在问题:_____
_____

2. 学习任务评价表

学习任务评价表

班级:_____ 组别:_____ 姓名:_____

评价项目	项目内容及评分标准	分值	自我评价（20%）	小组评价（30%）	教师评价（50%）
职业素养	1. 能积极主动完成并上交老师布置的任务	20			
	2. 能与小组成员协作,有较强的团队意识	10			
	3. 任务实施过程是否安全、文明	10			
	4. 总结简明扼要、重点突出、思路清晰	10			
专业能力	1. 能按要求在规定时间内完成所有任务	10			
	2. 能熟练设置单元格格式（如行高、列宽等）	30			
	3. 表格打印（或预览）美观大方	10			
创新能力	学习过程中提出具有创新性、可行性的建议	小计			
	创新加分　　　汇报加分　　　团队加分	综合得分			
教师评语	指导教师签名:　　　　　　　　　　　　　　　　　　年　月　日				

任务二　编制会计科目表

任务描述

小崔已经对Excel 2010的工作界面有了一定的认识，接下来要使用Excel电子表格制作与财务有关的一些基本表格了。会计科目表是总账管理过程中必用的基本表格，其制作过程虽然简单，但要完成表格的制作、编辑和打印工作，对还未深入使用Excel电子表格的小崔来说也是不小的考验。

任务目标

1. 会新建工作簿和工作表，能熟练调整行高、列宽、字体字号、边框底纹等格式化工作表；
2. 能熟练输入文本、数值、日期和特殊字体；
3. 能插入、删除、重命名工作表和更改工作表标签颜色等；
4. 能进行页面设置和打印表格。

任务实施

一、规划表格样式

会计科目表是财务人员在账务处理过程中必用的基本表格，工作人员在制作表格前，需对表格进行整体规划，确定表格项目及行数、列数等信息，再逐一进行格式设置，制作出美观、实用的表格。图1-2-1所示为制作完成的会计科目表。

项目一　Excel 2010 的基本应用

	A	B	C	D	E	F
1			会计科目表			
2	序号	科目代码	一级科目名称	序号	科目代码	一级科目名称
3	001	1001	库存现金	028	2202	应付账款
4	002	1002	银行存款	029	2203	预收账款
5	003	1012	其他货币资金	030	2205	其他应付款
6	004	1120	交易性金融资产	031	2211	应付职工薪酬
7	005	1121	应收票据	032	2221	应交税费
8	006	1122	应收账款	033	2501	长期借款
9	007	1123	坏账准备	034	4001	实收资本
10	008	1125	预付账款	035	4002	资本公积
11	009	1221	其他应收款	036	4101	盈余公积
12	010	1400	原材料	037	4103	本年利润
13	011	1401	周转材料	038	4104	利润分配
14	012	1403	材料采购	039	5001	生产成本
15	013	1404	材料成本差异	040	5002	制造费用
16	014	1405	库存商品	041	5003	研发支出
17	015	1501	可供出售金融资产	042	6001	主营业务收入
18	016	1601	固定资产	043	6051	其他业务收入
19	017	1602	累计折旧	044	6061	营业外收入
20	018	1603	固定资产减值准备	045	6071	投资收益
21	019	1604	固定资产清理	046	6401	主营业务成本
22	020	1607	在建工程	047	6402	其他业务成本
23	021	1701	无形资产	048	6403	营业税金及附加
24	022	1702	累计摊销	049	6601	销售费用
25	023	1704	投资性房地产	050	6602	管理费用
26	024	1705	长期股权投资	051	6603	财务费用
27	025	1801	长期待摊费用	052	6711	营业外支出
28	026	2001	短期借款	053	6712	资产减值损失
29	027	2201	应付票据	054	6801	所得税费用

图1-2-1　会计科目表样式

二、设置表格

1. 打开工作簿和重命名工作表标签

打开"我的案例"工作簿，右键单击"Sheet1"工作表，单击"重命名"选项（或者是双击"Sheet1"工作表），把"Sheet1"改名为"会计科目表"，如图1-2-2所示。

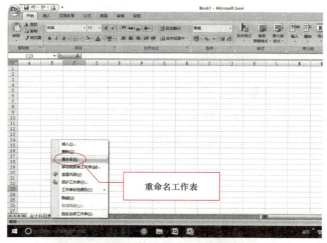

图1-2-2　重命名工作表

2. 手动输入数据

（1）输入标题。

（2）确定行数：27；列数：6，加网格线。

（3）选中所有表格区域，单击"格式"→"设置单元格格式"→"数字"→"文本"选项，或者单击功能区中"对齐方式"的右下角的 按钮，如图1-2-3所示，直接弹出"设置单元格格式"对话框。

图1-2-3　选择"设置单元格格式"功能

（4）在弹出的"设置单元格格式"对话框中，将表格内容设置为"文本"格式，如图1-2-4所示。

图1-2-4　设置"文本"格式

（5）输入表格内容，如图1-2-5所示。

	A	B	C	D	E	F
1	会计科目表					
2	序号	科目代码	一级科目名称	序号	科目代码	一级科目名称
3	001	1001	库存现金			

图1-2-5　输入表格内容

3. 自动填充数据

当输入具有某种规律或相同的数据（如序号001～027）时，不需要逐一输入，利用"自动填充"功能可以快速输入。

方法：选择A3单元格，把鼠标放在单元格右下角，稍作停留后，鼠标指针将变成一个实加号，按住鼠标左键往下拖曳，用自动填充柄功能自动填充002以上的序号，如图1-2-6所示。

	A	B	C	D	E	F
1	会计科目表					
2	序号	科目代码	一级科目名称	序号	科目代码	一级科目名称
3	001	1001	库存现金			
4						

图1-2-6　自动填充数据

4. 格式化表格

表格内容输入完成后，需对其进行美化，即格式化设置，以满足使用的需要。美化表格工作主要包括：调整行高、列宽、字体字号、对齐方式、边框底纹，进行打印前设置和打印预览等。

（1）选择A1：F1区域，单击"合并后居中"功能，合并标题的单元格，并将标题设置为宋体，18号，行高为40，如图1-2-7所示。

图1-2-7　美化标题

（2）选择正文内容，设置行高为24，字体字号为宋体，14号，列宽：A列和D列为6，B列和E列为11，C列和F列为20，如图1-2-8所示。

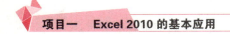

图1-2-8　美化正文

（3）将序号栏、资产类科目、负债类科目、所有者权益类科目、成本类科目和损益类科目分别设置不同颜色的底纹，如图1-2-9所示。

图1-2-9　设置底纹

5. 打印设置和打印预览

单击"打印"→"页面设置"选项卡,打开"页面设置"对话框,设置页面方向为纵向,纸张大小为A4,上、下、左、右页边距均设为1.8,其他设置为默认,如图1-2-10所示。打印设置完成后,单击"打印"按钮,完成"会计科目表"的打印。

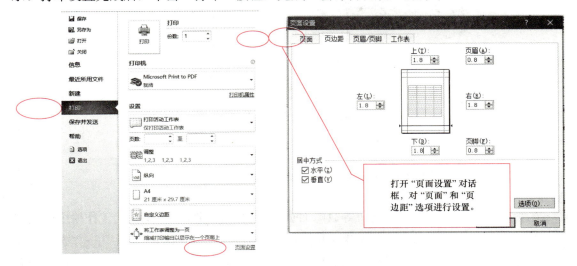

图1-2-10 页面设置

6. 保存工作簿

表格制作完成后,单击"保存"按钮,保存工作簿。

知识储备及拓展

一、保护工作簿和工作表

为了防止他人打开或恶意更改表格内容,可以给需要的工作簿和工作表加入密码保护。以后再打开工作簿或工作表时,系统会提示用户输入密码,如果密码不正确,则不能打开工作簿或工作表,如图1-2-11所示。

操作方法:单击"审阅"选项卡→"保护工作簿"按钮,在弹出的"保护工作簿"对话框中输入密码,完成后按"保存"按钮,下一次再打开此工作簿时,则需要输入密码才可以正常打开(如图1-2-11所示)。如要撤销密码,则需再次单击"保护工作簿"按钮,在弹出的"撤销工作簿保护"对话框中输入密码即可。保护工作表的操作方法与保护工作簿的方法类似。

项目一　Excel 2010 的基本应用

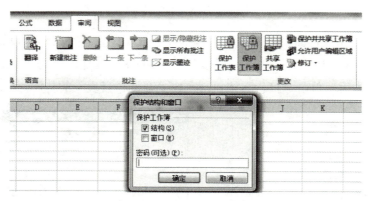

图1-2-11　保护工作簿

二、设置工作簿自动保存时间

当计算机遇到突然停电或死机等故障而重新启动时，当前正在编辑的工作簿中的数据很可能会丢失。要避免这种现象发生，可设置工作簿自动保存时间"文件"→"选项"命令，弹出"Excel选项"对话框，单击"保存"选项卡，选中"保存自动恢复信息时间间隔"复选框，并在右侧的微调框中输入一个表示时间间隔的数值，如图1-2-12所示，设置完成后单击"确定"按钮即可。

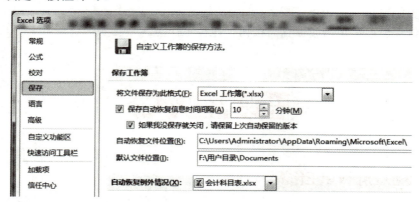

图1-2-12　设置工作簿自动保存时间

三、冻结工作表窗口

冻结窗格功能可保持工作表的某一部分在其他部分滚动时可见，即无论怎么拖动流动条，都可以保持冻结的部分显示。

操作方法：选择一个单元格，其左上角将会作为冻结点，单击"视图"选项卡→"冻结窗格"下拉按钮，在弹出的下拉列表中选择"冻结拆分窗格"命令，如图1-2-13所示。

任务二 编制会计科目表

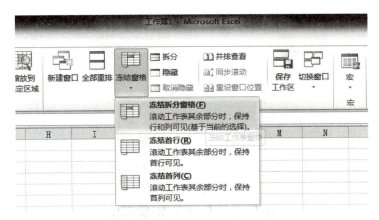

图1-2-13 冻结工作表窗口

用户也可以在"冻结窗格"下拉列表中选择"冻结首行"或"冻结首列"命令，快速地冻结表格的首行或首列。

取消工作表的冻结窗格状态的操作方法：再次单击"视图"选项卡→"冻结窗格"下拉按钮，在弹出的下拉列表中选择"取消冻结窗格"命令，表格即恢复到冻结前状态。

任务巩固

1. 新建一个工作簿，在Sheet1工作表中制作本班的"考勤记录表"，如图1-2-14所示。

图1-2-14 考勤记录表

要求：

（1）按样式要求输入标题及正文内容，合并A1:BJ区域及其他需要合并的区域，设置第1行字体为"宋体"，字号为"12"，加粗；正文内容字体为"宋体"，字号为"9"，所有单元格均为水平居中、垂直居中。

（2）设置A列列宽为2，B列列宽为6，其他列列宽为1.5。

（3）设置第1行行高为17，第4行行高为24，其他行行高为11。

(4)按样式对第1、3行等的底线进行加粗。

(5)设置页面方向为横向,纸张大小为A4(要求所有表格内容在一张A4纸内打印),上、下、左、右页边距均设为1,水平居中,其他设置为默认。

(6)将Sheet1工作表重命名为"考勤记录表",完成后按"保存"按钮,并将工作簿重命名为"知识训练.xlsx"。

2. 打开"我的案例"工作簿,在Sheet2工作表中制作"万绿食品公司基本信息表",并将工作表重命名为"万绿食品公司基本信息表",完成效果如图1-2-15所示,完成后保存。

万绿食品公司基本信息表

常用摘要	费用类别	类别编码	部门名称	部门编码	部门负责人
提现	宣传费	1001	行政部	1	赵华
收到投资	办公费	1002	财务部	2	刘玲
收回前欠货款	培训费	**1003**	人事部	3	陈明
购买办公用品	交通费	1004	市场部	4	张宏
发放工资	差旅费	1005	采购部	5	陈辉
偿还前欠货款	通信费	1006	销售部	6	周强
支付广告费	招待费	1007	车间	7	欧阳光
借入短期借款	水电费	1008			
预支差旅费	工资	1009			
报销差旅费	材料费	1010			
计提固定资产折旧	运输费	1011			
购入材料,款已付	租赁费	1012			
购入材料,款未付	银行手续费	1013			
销售产品,款已收	其他收入	1014			
销售产品,款未收	存款利息	1015			
领料					
对外捐赠					
结转本月应付工资					
结转制造费用					
结转已完工产品的成本					
结转已销产品的成本					

图1-2-15 万绿食品公司基本信息表

任务二　编制会计科目表

成果展示及评价

每位同学就任务的完成情况作个人学习总结。然后以小组为单位，可选择Excel电子表格、纸质文稿、演示文稿、展板或海报等形式进行展示，并推荐一名同学汇报学习成果。

1. 个人学习总结

完成情况：_____
_____

遇到困难：_____
_____

解决方法：_____
_____

存在问题：_____
_____

2. 学习任务评价表

学习任务评价表

班级：　　　　　　　　　　组别：　　　　　　　　　　姓名：

评价项目	项目内容及评分标准	分值	自我评价（20%）	小组评价（30%）	教师评价（50%）
职业素养	1. 能积极主动完成并上交老师布置的任务	20			
	2. 能与小组成员协作，有较强的团队意识	10			
	3. 任务实施过程是否安全、文明	10			
	4. 总结简明扼要、重点突出、思路清晰	10			
专业能力	1. 能按要求在规定时间内完成所有任务	10			
	2. 能熟练输入文本、数值、日期和特殊字体等	30			
	3. 表格打印（或预览）美观大方	10			
创新能力	学习过程中提出具有创新性、可行性的建议	小计			
	创新加分　　汇报加分　　团队加分	综合得分			
教师评语					

指导教师签名：　　　　　　　　　　　　　　　年　月　日

任务三 编制班费收支情况登记表

🎾 任务描述

小崔是班里的生活委员,负责班费管理工作。为了让同学们更直观地查看每一笔班费的收支情况和更好地做好班费管理工作,小崔决定做一份标准的班费收支情况登记表。

🎾 任务目标

1. 能熟练输入金额和常用的特殊符号;
2. 能熟练运用Excel常用函数(求和、平均、最大、最小值、绝对值等);
3. 进一步熟悉Excel 2010的工作界面及对表格格式化的操作;
4. 能对表格进行页面设置和打印。

任务实施

一、规划表格样式

班费收支情况登记表是平时管理班费需要用到的表格,班费登记规范能为班干部减轻工作压力,同时也可以让同学们清晰地查看班费的收支情况。小崔作为生活委员,当然要把这项活干好。在制作表格前,首先需对表格进行整体规划,确定表格项目及行数、列数等信息,再逐一进行格式设置,制作出美观、实用的表格。图1-3-1所示为制作完成的班费收支情况登记表。

16级会计1班 班费收支情况登记表(现金)

2017年		摘要	借方	贷方	余额
月	日				
9	1	期初余额			500.00
9	2	收到同学们交来的班费(每人10元)	500.00		1,000.00
9	3	购买音响		180.00	820.00
9	4	购买颜料		50.00	770.00
9	6	购买扫把、桶等生活用品		120.00	650.00
9	29	获"文明班"奖金	200.00		850.00
10	8	购买篮球2个		300.00	550.00
10	30	获"文明班"奖金	200.00		750.00
11	1	接受中国移动赞助(买课外书)	1,000.00		1,750.00
11	3	购买课外阅读杂志报纸等		960.00	790.00
11	6	看望吴老师(买水果)		150.00	640.00
11	20	校运动会获"团体第三名"奖金	500.00		1,140.00
11	29	获"文明班"奖金	200.00		1,340.00
12	15	元旦晚会支出		400.00	940.00
12	29	获"文明班"奖金	200.00		1,140.00
12	31	本学期合计	¥2,800.00	¥2,160.00	1,140.00

制单:崔晓   审核:王子龙

图1-3-1 班费收支情况登记表样式

二、设置表格

1. 重命名工作表及表格的基本设置

（1）新建一张工作簿，单击Sheet1工作表，将工作表重命名为"班费收支情况登记表"。

（2）输入标题，确定行数：18；列数：6，加网格线。

（3）输入年、月、日、摘要，借、贷方金额和期初余额等数据，如图1-3-2所示。

图1-3-2　输入表格内容

（4）选择D4：F19区域，将该单元格区域设置为"会计专用"，保存2位小数，无货币符号；D19和E19单元格加人民币符号￥，如图1-3-3所示。

（5）选择F5单元格，设置该单元格公式为"＝F4＋D5-E5"，按Enter键，结出9月2日的余额1 000元，如图1-3-4所示，使用自动填充功能完成对F6至F18单元格公式的录入。

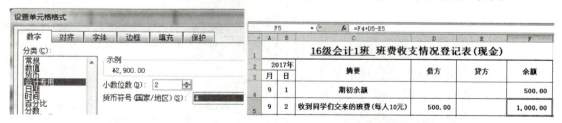

图1-3-3　设置"会计专用"格式　　　　图1-3-4　结出每日余额

（6）选择D19单元格，单击"公式"→"自动求和"→"求和"选项，在弹出的自动求和函数SUM公式中将区域更改为D5：D18，完成后按Enter键，计算出本学期的"借方"合计数2 800元，如图1-3-5和图1-3-6所示。

（7）选择D19单元格，将公式向E19单元格拖曳，即可快速得出本学期贷方合计数2 160元。

任务三　编制班费收支情况登记表

图1-3-5　单击自动求和选项　　　　图1-3-6　使用SUM函数计算本学期借方合计数

（8）选择F19单元格，设置该单元格公式为"＝F4＋D19－E19"，按Enter键，得出学期末余额1 140元。

（9）输入制单人：崔晓，审核人：王子龙。

2. 格式化表格

（1）设置A、B列列宽为4，C列列宽为33，D、E、F列列宽为13。

（2）设置第一行字体为宋体、20号、加粗；行高为35；第二、三行行高为21，其他行行高为31，字体为宋体、12号、加粗。

（3）设置最后一行（学期合计栏）加红色粗边框，如图1-3-7所示。

3. 页面设置

（1）设置纸张大小为A4，纵向打印。

（2）上、下页边距设为1.9，左、右为1.8，居中方式为水平居中，如图1-3-8所示。

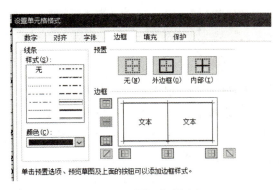

图1-3-7　设置红色粗边框

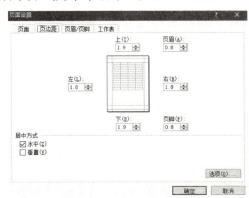

图1-3-8　页面设置

项目一　Excel 2010 的基本应用

（3）完成后按"打印"按钮。

4. 保存工作簿

表格制作完成后，单击"保存"按钮，保存工作簿。

知识储备及拓展

一、Excel 公式的使用

Excel公式由"="号开头，是由常数、函数、单元格引用及运算符组成的式子，并在单元格中显示该公式的值。单元格引用可以是相对引用、绝对引用，也可是混合引用。图1-3-9所示为公式的构成元素。

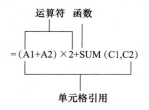

图1-3-9　公式的构成元素

那么，如何使用公式进行计算呢？例如，小崔同学基础会计93分，经济法88分，基础会计和经济法一共得了多少分？首先，选择D2单元格，然后在D2中输入公式"=B2+C2"，最后按Enter键确认，如图1-3-10所示。

	A	B	C	D
1	姓名	基础会计	经济法	总分
2	崔晓	93	88	=B2+C2

图1-3-10　公式的使用

> **小知识**
>
> 使用公式时，需通过单元格地址来引用相应单元格中的数据，不能直接输入93和88这两个数字。在公式中必须输入存放这两个数据的单元格地址，即B2和C2，这样才能方便快速地计算出其他同学的总分。输入单元格地址后，相应的单元格会被线条框起来，说明此单元格被公式所引用，如图1-3-10所示。

二、Excel 函数的使用

在使用Excel制作表格整理数据的时候，常常要用到它的函数功能来自动统计处理表格数据。Excel的函数是指预先建立好的公式，它拥有固定的计算顺序、结构和参数类型，用户只需指定函数参数，即可按照固定的计算顺序计算并显示结果。

Excel函数由"＝"开头，由函数名和参数组成。函数中的"＝"不需要手动输入，在插入函数时，Excel会自动在单元格中输入"＝"，以便后接函数名和参数，如图1-3-11所示为函数的构成元素。

图1-3-11　函数的构成元素

- ＝号：表示这是一个公式，在单元格中要显示函数的值。如果没有"＝"号，Excel就不会进行计算。
- 函数名：系统预先定义好的一些特定的计算的名称。
- 括号：用来界定函数。函数的参数置于成对的小括号内。
- 参数：每个函数至少有一个参数，不同的函数都有不同的参数。参数可以是常数、公式、表达式、单元格引用或函数。有多个参数时，参数间以逗号间隔，其中，函数最常用的参数是单元格引用。

Excel中的函数可以分为11类，分别是数据库函数、日期与时间函数、工程函数、财务函数、信息函数、逻辑函数、查询和引用函数、数学和三角函数、统计函数、文本函数和用户自定义函数。在会计的数据运算中，主要用的是数学函数、逻辑函数和财务函数。这里主要介绍几个常用函数。

（1）SUM函数：计算单元格区域中所有数值的和。

（2）AVERAGE函数：返回其参数中的算术平均值。

（3）MAX函数：返回一组数值中的最大值，但忽略逻辑值和文本。

（4）MIN函数：返回一组数值中的最小值，但忽略逻辑值和文本。

（5）COUNT函数：计算区域中包含数字的单元格的个数。

（6）COUNTA函数：计算区域中非空单元格的个数。

（7）COUNTIF函数：计算某个区域中满足给定条件的单元格的个数。

（8）IF函数：判断是否满足一个条件，如果满足，返回一个值，如果不满足，则返回另外一个值。

那么，如何使用函数进行计算呢？例如，小崔同学基础会计93分，经济法88分，那么基础会计和经济法一共得了多少分？使用SUM求和函数计算两科成绩总分。

方法一：首先双击D2单元格，然后在D2单元格中（或在编辑栏中）输入函数公式"＝SUM(B2：C2)"，最后按Enter键确认，如图1-3-12所示。

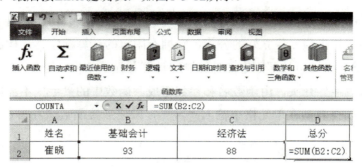

图1-3-12　输入求和函数

方法二：选择D2单元格，然后单击"公式"选项卡，选择"自动求和"下拉列表中的"求和"选项，按Enter键，这时出现求和的函数公式"＝SUM(B2：C2)"（这时计算机默认的计算区域为B2：C2，用户可以自行选择计算区域），完成后按Enter键或✓键即可得出计算结果，如图1-3-13所示。

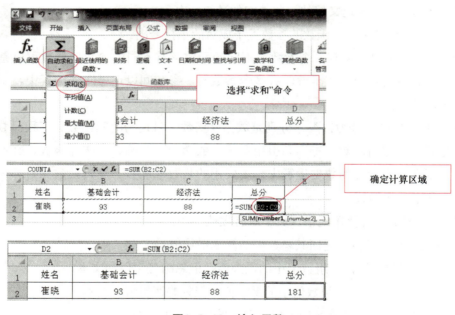

图1-3-13　输入函数

任务巩固

1. 编制某公司的"材料总账"，如图1-3-14所示。

要求：

（1）打开"知识训练.xlsx"工作簿，在Sheet2工作表中制作该表。

（2）按样式要求确定"材料总账"表格的行数和列数并添加网格线，输入标题及正文内容，合并A1:L1区域及其他需要合并的区域，设置标题行字体为宋体，字号为18，加粗；正文内容字体为宋体，字号为12，所有单元格均为水平居中，垂直居中。

（3）设置第1行行高为50，其他行行高为40，设置所有列的列宽为10。

（4）所有涉及金额的单元格均设置为"会计专用"，无货币符号，并保留两位小数。

（5）计算甲材料的期末库存数量及金额（使用公式计算），并使用"自动填充"功能完成乙、丙材料的期末库存数量及金额。

（6）使用"格式刷"功能，快速完成第7～17行的格式设置，使其格式与第4行格式相同。

（7）设置"横向"打印，上、下页边距为1；左、右页边距为1.5，水平居中，其他设置为默认。

（8）将Sheet2工作表重命名为"材料总账"，并单击"保存"按钮。

					材料总账						
月份	材料代码	材料名称	计量单位	期初余额		本期入库		本期领用		期末库存	
				数量	金额	数量	金额	数量	金额	数量	金额
2017.09	CL-101	甲材料	张	100	2,000.00	70	1,481.00	50	1,063.00		
2017.09	CL-102	乙材料	个	150	3,150.00	255	5,493.00	126	2,678.00		
2017.09	CL-103	丙材料	盒	200	6,000.00	150	4,424.00	73	2,120.10		

图1-3-14　材料总账

2. 编制某班的"成绩登记表"，如图1-3-15所示。

16级会计2班《成本会计》成绩登记表

学号	姓名	成绩记录					学号	姓名	成绩记录				
		平时	期末	总分	平均分	总评			平时	期末	总分	平均分	总评
2016321401	赖蓓蓓	88	83				2016321421	黄伟平	78	81			
2016321402	黄柳娟	87	85				2016321422	黄蓉	80	78			
2016321403	冼悦欢	90	87				2016321423	黄木花	80	85			
2016321404	邹丽芳	85	83				2016321424	刘丽蓉	80	81			
2016321405	陈晶	85	79				2016321425	李敏	80	81			
2016321406	钟芊伊	91	86				2016321426	黄丽玲	80	80			
2016321407	邱伟群	80	77				2016321427	周彩玲	90	88			
2016321408	张程程	80	78				2016321428	罗小霞	86	85			
2016321409	郑贱辉	85	80				2016321429	郭秋菊	88	86			
2016321410	缪科伊	80	81				2016321430	张丽萍	80	79			
2016321411	马媚	80	82				2016321431	张海灵	80	78			
2016321412	黄飞面	80	78				2016321432	曾小燕	90	88			
2016321413	罗霞	80	76				2016321433	王怡	80	80			
2016321414	谢珊珊	86	80				2016321434	梁美容	80	77			
2016321415	张文菊	87	83				2016321435	袁伟琴	90	86			
2016321416	曾玉霞	80	80				2016321436	林梦茹	88	85			
2016321417	何雪娜	88	85				2016321437	陈瑜	90	93			
2016321418	廖文凤	80	80				2016321438	吴湫军	80	75			
2016321419	邓怡芳	83	80				2016321439	杨榆云	80	79			
2016321420	杨珊	90	80				2016321440	刘俊玲	75	75			
全班人数			人			教师签名：							
90分以上			人	占									
80—89分以上			人	占									
70—79分以上			人	占									
60—69分以上			人	占			年　　月　　日						
不合格			人	占									

图1-3-15　成绩登记表

项目一 Excel 2010 的基本应用

要求：

（1）打开"知识训练.xlsx"工作簿，在Sheet3工作表中制作该表。

（2）按样式要求确定表格的行数和列数并添加网格线，输入标题及正文内容。

（3）设置第1行字体为宋体，字号为14，加粗；表格正文内容字体为宋体，字号为11，第2、3行字体加粗，所有单元格均为水平居中、垂直居中。

（4）使用常用函数计算每位学生的"总分"和"平均分"，按平时成绩的30%＋期末成绩的70%计算"总评"成绩。平均分和总评列保留一位小数。

（5）使用COUNT/COUNTA函数计算全班人数；使用COUNTIF函数计算90分段及其他分数段的学生人数（以小组为单位讨论COUNT/COUNTA和COUNTIF函数的使用方法，可查阅相关资料）。

（6）设置第1行行高为36，其他行行高为17，设置第A、H列列宽为12，其他列列宽为8。E25:E29单元格格式为：百分比，保留一位小数。

（7）设置上、下页边距为1，左、右页边距为2，页面方向为横向，纸张大小为A4，其他设置为默认。

（8）将该工作表重命名为"成绩登记表"，并单击"保存"按钮。

任务三 编制班费收支情况登记表

成果展示及评价

每位同学就任务的完成情况作个人学习总结。然后以小组为单位，可选择Excel电子表格、纸质文稿、演示文稿、展板或海报等形式进行展示，并推荐一名同学汇报学习成果。

1. 个人学习总结

完成情况：_____
_____
_____

遇到困难：_____
_____
_____

解决方法：_____
_____
_____

存在问题：_____
_____
_____

2. 学习任务评价表

学习任务评价表

班级：　　　　　　　　组别：　　　　　　　　姓名：

评价项目	项目内容及评分标准	分值	自我评价（20%）	小组评价（30%）	教师评价（50%）
职业素养	1. 能积极主动完成并上交老师布置的任务	20			
	2. 能与小组成员协作，有较强的团队意识	10			
	3. 任务实施过程是否安全、文明	10			
	4. 总结简明扼要、重点突出、思路清晰	10			
专业能力	1. 能按要求在规定时间内完成所有任务	10			
	2. 熟练Excel常用函数的运用	30			
	3. 表格打印（或预览）美观大方	10			
创新能力	学习过程中提出具有创新性、可行性的建议	小计			
	创新加分　　汇报加分　　团队加分	综合得分			
教师评语	指导教师签名：				年　月　日

项目二
Excel 2010 的高级应用

项目描述

Excel 2010的高级应用主要包括定义名称、数据有效性、数据排序、筛选、分类汇总、图表的创建、数据透视表和数据透视图的构建、VLOOKUP函数的使用、Excel中导入外部数据的方法等内容。

项目目标

1．知识目标

（1）掌握ABS、AND、TODAY、VLOOKUP等函数的使用；

（2）熟练定义名称和使用"数据有效性"功能；

（3）能对数据进行排序、筛选、分类汇总等操作；

（4）掌握数据透视表和数据透视图的应用，能根据数据信息创建数据透视表和数据透视图。

2．技能目标

（1）能制作差旅费报销单；

（2）会编制员工信息档案表；

（3）会编制日常费用记录表；

（4）能编制公司销售情况表。

3．情感目标

（1）通过任务教学激发学生的学习兴趣和工作热情，并引导他们逐渐将兴趣转化为学习动机，树立自信心；

（2）培养学生会计思维方式、认真的学习态度、严谨细致的工作作风及团队合作意识。

项目二　Excel 2010 的高级应用

任务一　编制差旅费报销单

任务描述

小崔的爸爸是一名会计，就职于河源市万绿食品有限公司。今天他拿回一叠差旅费报销单据，让学习会计专业的小崔帮忙制作和填写"差旅费报销单"。爸爸和同事陈辉于9月11日乘坐火车从河源到武汉出差，并于17日乘火车返回河源，出差前预借差旅费4 000元。公司规定，往返交通工具费用实报，住宿费标准为每人每天150元，市内交通补助每人每天50元，伙食补助为每人每天60元；从郑州至武汉的往返火车票价格均为165元，在此期间，两人所住酒店正好和标准一致。小崔愉快地接受了爸爸交代的任务，他要趁此机会好好展示在校所学的专业技能。

任务目标

1. 熟悉运用Excel常用函数（求和、平均、最大、最小值、绝对值等）；
2. 熟练使用ABS函数、TODAY函数；
3. 能制作差旅费报销单。

任务实施

一、规划表格样式

差旅费是行政事业单位和企业的一项重要的经常性支出项目，主要包括因公出差期间所产生的交通费、住宿费、伙食费和公杂费等各项费用。小崔根据爸爸拿回的出差单据，在制作表格前首先对表格进行整体规划，确定表格项目及行数、列数等信息，再逐一进行格式设置，制作出美观、实用的表格。图2-1-1所示为制作完成的"差旅费报销单"。

任务一　编制差旅费报销单

						差旅费报销单								
						2017年9月19日								
姓名		崔恩明、陈辉			部门	采购部	事由			采购材料				
起		止		起止地点	人数	交通工具	交通费金额	伙食补助		其他补助				
月	日	月	日	起　止				天数	金额	项目	天数	金额		附件
9	11	9	11	河源　武汉	2	火车	¥ 330.00	6	¥ 720.00	住宿费	6	¥1,800.00		
9	17	9	17	武汉　河源	2	火车	¥ 330.00			交通费	6	¥ 600.00		12
										邮电费				张
										其他补助				
				合计		¥ 660.00		¥ 720.00				¥2,400.00		
报销总额		¥3,780.00		大写人民币	叁仟柒佰捌拾元整		预支	¥4,000.00		补领/退回		¥ 220.00		
单位负责人					会计主管：		出纳			报销人：崔恩明、陈辉				

图2-1-1　差旅费报销单样式

二、设置表格

（1）打开"我的案例"工作簿，单击Sheet3工作表，将工作表重命名为"差旅费报销单"。

（2）在表中输入标题，选择A3：N12单元格区域，加网格线。

（3）输入报销单的内容，如图2-1-2所示。

图2-1-2　输入报销单的基本内容

（4）使用TODAY函数设置当天日期。

①单击A2单元格，输入公式"＝TODAY( )"，使日期显示为当天的日期，并设置日期类型为"2001年3月14日"。

②按Enter键，返回今天的日期：2017年9月19日。

（5）输入出差的详细信息，并合并相关的单元格，如图2-1-3所示。其中I6、I7、K6、N6、N7单元格的金额使用公式输入，其公式分别为：I6＝165*2，I7＝165*2，K6＝J6*120，N6＝M6*300，N7＝M7*100。

33

项目二 Excel 2010 的高级应用

图2-1-3 输入出差信息

（6）使用SUM自动求和函数计算交通费、伙食补助费、其他补助费的合计数等。

①单击I11单元格，输入公式"＝SUM(I6:I10)"，返回交通费合计660元。

②单击K11单元格，输入公式"＝SUM(K6:K10)"，返回伙食补助合计720元。

③单击N11单元格，输入公式"＝SUM(N6:N10)"，返回其他补助合计2 400元。

④单击E12单元格，输入公式"＝SUM(I11,K11,N11)"，返回报销总额3 780元，并输入大写人民币金额和预支数4 000元，如图2-1-4所示。

图2-1-4 使用SUM函数计算合计数和报销总额

（7）使用ABS函数计算补领或退回的金额。

单击N12单元格，输入公式"＝ABS(K12－E12)"，结出多退少补金额，按Enter键，返回值220元，并勾选"退回"，表示退回余额220元，如图2-1-5所示。

图2-1-5 使用ABS函数计算补领或退回的金额

（8）输入附件张数和单位负责人等信息。

①合并O3：O12单元格，在合并单元格中输入“附件12张”。

②合并A13：N13单元格，在合并单元格中输入单位负责人、会计主管、出纳和报销人等信息。

（9）格式化表格。

①设置字体、字号。设置标题行字体为：宋体，20号；第二行字体为：宋体，16号，其他行为：宋体，12号；所有字体加粗。

②设置行高、列宽。设置标题行行高为：33；其他行行高为：28；设置A、B、C列列宽为：4；I、K、L、N列列宽为：13；其他列列宽为：7。

③设置所有金额单元格的数字格式为：会计专用，保留的2位小数，有人民币符号。

④设置表格四边边框为“粗匣框线”，选择填入的出差信息内容，如图2-1-6所示，设置字体为：楷体，并设置底纹为：红色，淡色80%，以增强表格的美感。

	A	B	C	D	E	F	G	H	I	J	K	L	M	N	O
1	差旅费报销单														
2	2017年9月19日														
3	姓名		崔恩明、陈辉				部门		采购部	事由		采购材料			
4	起		止		起止地点		人数	交通工具	交通费金额	伙食补助		其他补助			
5	月	日	月	日	起	止				天数	金额	项目	天数	金额	
6	9	11	9	11	河源	武汉	2	火车	¥ 330.00	6	¥ 720.00	住宿费	6	¥1,800.00	附件
7	9	17	9	17	武汉	河源	2	火车	¥ 330.00			交通费	6	¥ 600.00	
8												邮电费			12
9												其他补助			张
10															
11	合计								¥ 660.00		¥ 720.00			¥2,400.00	
12	报销总额				¥3,780.00		大写人民币	叁仟柒佰捌拾元整		预支	¥4,000.00	补领/退回		¥ 220.00	
13	单位负责人：						会计主管：			出纳		报销人：崔恩明、陈辉			

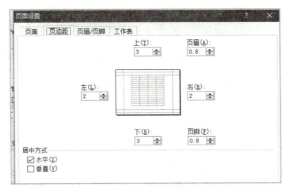

图2-1-6　设置表格的单元格格式

（10）页面设置。

①设置纸张大小为：A4，页面方向：横向。

②设置上、下页边距为：3，左、右为：2，居中方式为水平居中，如图2-1-7所示。

图2-1-7　页面设置

③完成后单击"保存"按钮。

小 提 示

在输入附件张数时,为避免麻烦,可在"附件"两字中间双击鼠标左键,然后按下快捷键Alt+Enter进行手动换行,这样可随意更改单元格的列宽,也不会影响效果。

知识储备及拓展

一、ABS 函数

主要功能:求出相应数字的绝对值。

使用格式:ABS(number)

参数说明:number代表需要求绝对值的数值或引用的单元格。

应用举例:在A1单元格中输入负数(如-100),在B1单元格中输入公式:=ABS(A1),按Enter键,则在B1单元格中返回正数100,如图2-1-8所示。

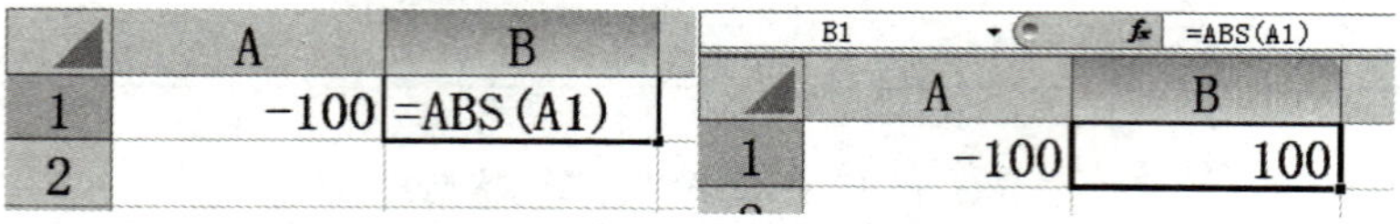

图2-1-8 使用ABS函数

特别提醒:如果number参数不是数值,而是一些字符(如A、B等),则B1单元格中返回错误值"#VALUE!",如图2-1-9所示。

图2-1-9 返回错误值

二、AND 函数

主要功能:返回逻辑值。如果所有参数值均为逻辑"真(TRUE)",则返回逻辑"真

（TRUE）"；反之，返回逻辑"假（FALSE）"。

使用格式：AND(logical1,logical2,…)

参数说明：Logical1，Logical2，Logical3，…，表示待测试的条件值或表达式，最多30个。

应用举例：在C5单元格中输入公式：＝AND(A5>＝60,B5>＝60)，按Enter键确认。如果C5中返回TRUE，说明A5和B5单元格中的数值均大于等于60；如果返回FALSE，说明A5和B5单元格中的数值至少有一个小于60。

特别提醒：如果指定的逻辑条件参数中包含非逻辑值，则函数返回错误值"#VALUE!"或"#NAME"。

三、TODAY 函数

主要功能：给出系统日期。

使用格式：TODAY( )

参数说明：该函数不需要参数。

应用举例：输入公式：＝TODAY( )，按Enter键确认后即刻显示出系统日期和时间。如果系统日期和时间发生了改变，只要按一下F9功能键，即可让其随之改变。

特别提醒：显示出来的日期格式，可以通过单元格格式进行重新设置。

四、DATE 函数

主要功能：给出指定数值的日期。

使用格式：DATE(year,month,day)

参数说明：year为指定的年份数值（小于9999）；month为指定的月份数值（可以大于12）；day为指定的天数。

应用举例：在C20单元格中输入公式：＝DATE(2003,13,35)，按Enter键确认后，显示出2004-2-4。

特别提醒：由于上述公式中月份为13，多了一个月，顺延至2004年1月；天数为35，比2004年1月的实际天数又多了4天，故又顺延至2004年2月4日。

五、快捷键 Alt ＋ Enter 的功能

（1）在同一单元格中另起一个新行。如果需要在同一单元格内输入多行内容，可以将光标定位到需要换行的位置，然后按快捷键Alt＋Enter。这里有一个与该快捷键相关的小技巧。例如，在A1单元格中输入"Excel技巧"，并让"Excel"和"技巧"分为两行，

然后在另一个单元格如C1中输入公式“＝A1”，可以看到C1中的内容并未分为两行，如图2-1-10所示。

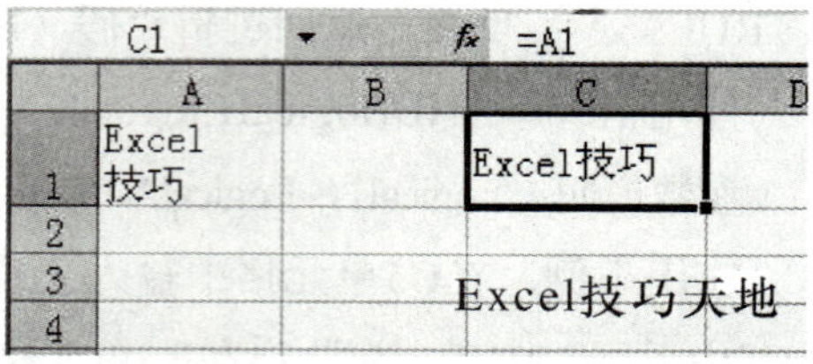

图2-1-10　手动换行

Excel只是在“Excel”和“技巧”之间保留了一个空格。如果需要让C1单元格与A1单元格一样，也分为两行，这时只需将C1单元格格式设置为“自动换行”即可。实际上，当在某个单元格中使用了Alt＋Enter组合键进行换行后，该单元格格式就被自动设置为“自动换行”了。

（2）重复上一个命令或操作。这个作用与快捷键F4或Ctrl＋Y相同，可以重复执行上一次的操作。例如，当在Excel中插入一行后，按快捷键Alt＋Enter将继续插入行。

知识巩固

资料：河源万绿食品有限公司市场部林智敏和刘凤醒11月1日到11月6日（共5天）从河源到北京出差，公司规定，出差费用根据发票据实报销，相关发票（15张）显示河源到北京的硬卧车票436元，往返一样票价。住宿费每人一天补助150元，伙食费每人一天补助130元，其他补助每人每天80元。两人出差当天已预支3 000元。

要求：

（1）打开“知识训练”工作簿，新建一张工作表，并重命名为“差旅费报销单”，请根据相关信息制作和填写差旅费报销单，报销单格式如图2-1-11所示。

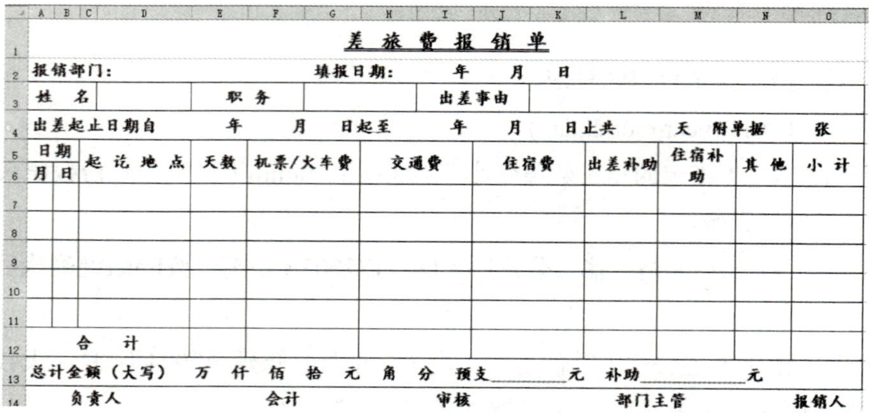

差旅费报销单

报销部门：　　填报日期：　年　月　日

姓名　　职务　　出差事由

出差起止日期自　年　月　日起至　年　月　日止共　天　附单据　张

日期 月	日期 日	起讫地点	天数	机票/火车费	交通费	住宿费	出差补助	住宿补助	其他	小计
合计										

总计金额（大写）　万　仟　佰　拾　元　角　分　预支________元　补助________元

负责人　　会计　　审核　　部门主管　　报销人

图2-1-11　差旅费报销单

（2）表格完成后，调整合适的字体、字号、行高、列宽、边框底纹、页面设置等，使表格打印预览看上去美观、大方。

（3）完成后单击“保存”按钮。

任务一　编制差旅费报销单

成果展示及评价

每位同学就任务的完成情况作个人学习总结。然后以小组为单位，可选择Excel电子表格、纸质文稿、演示文稿、展板、海报等形式进行展示，并推荐一名同学汇报学习成果。

1. 个人学习总结

完成情况：_____

_____

遇到困难：_____

_____

解决方法：_____

_____

存在问题：_____

_____

2. 学习任务评价表

学习任务评价表

班级：　　　　　　　　　　组别：　　　　　　　　　　姓名：

评价项目	项目内容及评分标准	分值	自我评价（20%）	小组评价（30%）	教师评价（50%）
职业素养	1. 能积极主动完成并上交老师布置的任务	20			
	2. 能与小组成员协作，有较强的团队意识	10			
	3. 任务实施过程是否安全、文明	10			
	4. 总结简明扼要、重点突出、思路清晰	10			
专业能力	1. 能按要求在规定时间内完成所有任务	10			
	2. 熟练对ABS、TODAY等函数的使用	30			
	3. 表格打印（或预览）美观大方	10			
创新能力	学习过程中提出具有创新性、可行性的建议	小计			
	创新加分　　汇报加分　　团队加分	综合得分			
教师评语	指导教师签名： 　　　　　　　　　　　　　　　　年　月　日				

任务二　编制员工信息档案表

任务描述

小崔周末回家，看到爸爸办公桌上放着一份河源万绿食品公司的员工信息档案表，但表格的信息有点乱，小崔正在学习Excel在会计中的应用，对该表格的数据处理非常感兴趣，他决定用Excel表格帮爸爸重新制作一张员工信息档案表。

任务目标

1. 熟悉定义名称的功能；
2. 熟练设置数据有效性；
3. 熟练使用MID函数。

任务实施

一、规划表格样式

河源万绿食品公司于2017年成立，该公司员工均于2017年1月份入职。该公司员工信息档案表如图2-2-1所示。

二、设置表格

（1）打开"我的案例"工作簿，新建一张工作表并重命名为"员工信息档案表"。
（2）输入标题，根据样式确定行数、列数，加网格线。
（3）根据样式，手动输入第二行和第A、B、D、E、F、H、K、L、M列的内容。
（4）设置数据有效性。
①选择C3：C42单元格区域，切换到"数据"功能选项，单击"数据有效性"下拉列

表，选择"数据有效性"命令，打开"数据有效性"对话框，在有效性条件的"允许"和"来源"处设置，如图2-2-2所示。

万绿食品公司员工信息档案表

序号	姓名	性别	民族	户籍	身份证号码	出生日期	入职时间	部门名称	职务	工作证号码	联系方式	电子邮箱	备注
01	赵华	男	汉	广东	441625198001292772	19800129	2017.1	行政部	经理	200701	13855675775	45530751@qq.com	
02	王锐	男	汉	广东	441625198212221318	19821222	2017.1	行政部	办公室主任	200702	13829300428	45530752@qq.com	
03	黄彩冰	女	汉	广东	441424199308016786	19930801	2017.1	行政部	员工	200703	13827831554	45530753@qq.com	
04	黄敏玲	女	汉	广东	441623199309263126	19930926	2017.1	行政部	员工	200704	15019391172	45530754@qq.com	
05	黄蓉	女	汉	广东	441621199309136220	19930913	2017.1	行政部	员工	200705	13553210745	45530755@qq.com	
06	刘玲	女	汉	广东	441621198302056420	19830205	2017.1	财务部	财务主管	200706	15089409166	45530756@qq.com	
07	黄玉莹	女	汉	广东	441622199109102321	19910910	2017.1	财务部	员工	200707	13536760972	45530757@qq.com	
08	赖汶忍	女	汉	广东	441621199408042349	19940804	2017.1	财务部	员工	200708	13925210393	45530758@qq.com	
09	陈明	男	汉	广东	441625198203104138	19820310	2017.1	人事部	部门经理	200709	15016228394	45530759@qq.com	
10	李美珊	女	汉	广东	441624199310232921	19931023	2017.1	人事部	员工	200710	15016239651	45530760@qq.com	
11	李旭梅	女	汉	广东	441622199109131224	19940913	2017.1	人事部	员工	200711	13414206163	45530761@qq.com	
12	张宏	男	汉	广东	441624198311215834	19831121	2017.1	市场部	部门经理	200712	18927047279	45530762@qq.com	
13	林智敏	男	汉	广东	441625199308052252	19930805	2017.1	市场部	员工	200713	13794706184	45530763@qq.com	
14	刘凤醒	女	汉	广东	441624199308241443	19930824	2017.1	市场部	员工	200714	13829150351	45530764@qq.com	
15	刘奕然	女	汉	广东	441623199404144643	19940414	2017.1	市场部	员工	200715	13527916966	45530765@qq.com	
16	陈辉	男	汉	广东	441624198212041270	19821204	2017.1	采购部	部门经理	200716	13148609323	45530766@qq.com	
17	骆流苏	男	汉	广东	441625199310281912	19931028	2017.1	采购部	员工	200717	13653097102	45530767@qq.com	
18	陶玉锋	男	汉	广东	441621199502093152	19950209	2017.1	采购部	员工	200718	13435545702	45530768@qq.com	
19	王丽双	女	汉	广东	441621199305085323	19930508	2017.1	采购部	员工	200719	13829116723	45530769@qq.com	
20	周强	男	汉	广东	441623198309014690	19830901	2017.1	销售部	部门经理	200720	15915396671	45530770@qq.com	
21	温晓敏	女	汉	广东	441625199404082718	19940408	2017.1	销售部	员工	200721	13728244165	45530771@qq.com	
22	吴翠芳	女	汉	广东	441625199303276722	19930327	2017.1	销售部	员工	200722	15218006915	45530772@qq.com	
23	吴美娴	女	汉	广东	441623199301010482	19930101	2017.1	销售部	员工	200723	13553226893	45530773@qq.com	
24	谢惠琴	女	汉	广东	441625199308031253	19930908	2017.1	销售部	员工	200724	13553295563	45530774@qq.com	
25	欧阳光	男	汉	广东	441621198406052776	19840605	2017.1	车间	车间主任	200725	13750239461	45530775@qq.com	
26	谢振英	女	汉	广东	441622199011081040	19901108	2017.1	车间	员工	200726	13376787081	45530776@qq.com	
27	叶嘉慧	女	汉	广东	441622199310254669	19931025	2017.1	车间	员工	200727	15876217662	45530777@qq.com	
28	叶明丽	女	汉	广东	441625199312023820	19931202	2017.1	车间	员工	200728	13622499418	45530778@qq.com	
29	尤晓慧	女	汉	广东	441625199111065442	19911106	2017.1	车间	员工	200729	13682353715	45530779@qq.com	
30	余晓桃	女	汉	广东	441624199309050821	19930905	2017.1	车间	员工	200730	13692719038	45530780@qq.com	
31	张桂祯	女	汉	广东	441624199310114124	19931011	2017.1	车间	员工	200731	13435362219	45530781@qq.com	
32	张惠玲	女	汉	广东	441621199309055922	19930905	2017.1	车间	员工	200732	13794707878	45530782@qq.com	
33	张立诗	女	汉	广东	441621199309035921	19930903	2017.1	车间	员工	200733	13435373533	45530783@qq.com	
34	周惠媚	女	汉	广东	441622199309031761	19930903	2017.1	车间	员工	200734	13794741043	45530784@qq.com	
35	朱霜	女	汉	广东	441621199401145920	19940114	2017.1	车间	员工	200735	13714407519	45530785@qq.com	
36	邹碧琳	女	汉	广东	441621199306205526	19930620	2017.1	车间	员工	200736	13217624898	45530786@qq.com	
37	黄晓松	男	汉	广东	441625199309135939	19930913	2017.1	车间	员工	200737	13435539084	45530787@qq.com	
38	赵成	男	汉	广东	441623199202154634	19920215	2017.1	车间	员工	200738	15919809136	45530788@qq.com	
39	诸誉中	男	汉	广东	441621199108291812	19910829	2017.1	车间	员工	200739	13435342993	45530789@qq.com	
40	刘翠玲	女	汉	广东	441625199402266121	19940226	2017.1	车间	员工	200740	13435366443	45530790@qq.com	

图2-2-1　员工信息档案表样式

注意标点应在英文状态下输入，完成后单击"确定"按钮，此时单击C3单元格，在其右下角便出现小三角符号，单击小三角符号，可以根据要求选择性录入男或女信息，C列其他单元格信息也用此方法选择性录入，如图2-2-3所示。

图2-2-2　设置"数据有效性"选项

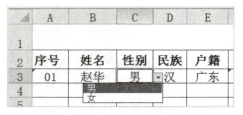

图2-2-3　选择录入性别数据

②用同样的方法设置I列"部门名称"和J列"职务"的数据有效性,并选择录入相关的信息。

(5)设置F列为文本格式,并如样文所示输入所有员工的身份证号码。

(6)使用MID函数设置"出生日期"。

①选择G3单元格,单击"公式"功能选项,选择"文本"→"MID"函数选项,在函数参数中设置字符串为"F3",开始位置为7,字符个数为8,如图2-2-4和图2-2-5所示。

图2-2-4 插入MID函数　　　　　图2-2-5 设置MID函数参数

②完成后单击"确定"按钮,此时G3单元格便返回值"19800129",如图2-2-6所示,使用自动填充柄完成其他员工出生日期的输入。

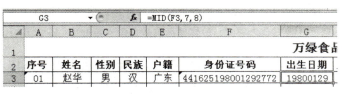

图2-2-6 返回MID函数值

(7)根据样式,把表格内容填写完整,并设置合适的行高、列高。

(8)页面设置。

①设置纸张大小为A4,横向打印(要求所有内容均在一张A4纸内打印)。

②上、下、左、右页边距均设为1,居中方式为水平居中。

③进行打印预览并打印该档案表。

④完成后单击"保存"按钮。

知识储备及拓展

一、定义名称

为方便以后对工作表某一区域的引用,可将工作表的某一区域定义一个名称。把一个区域或公式定义为名称,引用这个区域或重复使用这个公式时,可直接使用名称。例如,

项目二　Excel 2010 的高级应用

在"员工信息档案表"工作表中要引用"公司基本信息表"工作表中的部门名称时，则要先对"公司基本信息表"工作表中的部门名称定义一个名称，以后需要再次使用这些部门名称时直接使用即可，这样就避免了重复录用相同的内容。

操作步骤：

①打开"公司基本信息表"工作表，单击"公式"功能选项，单击"定义名称"按钮，选择"定义名称"命令，打开"新建名称"对话框，在名称框中输入"部门名称"，范围为"工作簿"，在"引用位置"文本框中录入"＝公司基本信息表!$D$3∶$D$9"，完成后单击"确定"按钮，如图2-2-7和图2-2-8所示。

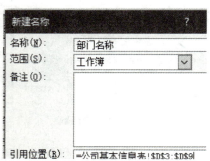

图2-2-7　设置数据有效性条件参数1　　　　图2-2-8　设置数据有效性条件参数2

②名称定义好后，回到"员工信息档案表"工作表，选择I3∶I42单元格，单击"数据"→"数据有效性"命令，在弹出的"数据有效性"对话框中设置参数，如图2-2-9所示，完成后单击"确定"按钮。

③设置完成后，单击I3单元格右下角的倒三角按钮，便可以选择录入需要的信息，如图2-2-10所示。

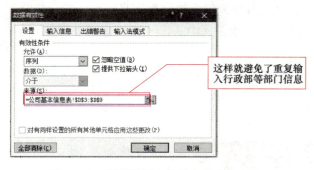

图2-2-9　设置数据有效性条件参数3　　　　图2-2-10　设置数据有效性条件参数4

二、设置数据有效性

Excel的数据有效性是指对单元格或单元格区域输入的数据从内容到数据上的限制。对于符合条件的数据，允许输入；对于不符合条件的数据，则禁止输入。这样就可以依靠系统检查数据的正确有效性，避免错误的数据录入。

数据有效性作为Excel庞大数据分析与处理功能的一个细小分支，位于"数据"下，主要功能是限制用户输入规范数据和定义序列下拉菜单，快速录入数据。

1. 设置有效性条件之序列

序列作为数据有效性的一个基础应用，可以设定单元格允许显示的内容，对不显示的内容进行屏蔽，以更好地帮助用户进行数据分析与处理工作。具体的操作方法简单介绍如下：

（1）将单元格显示的内容预先输入Excel的表格中；

（2）选择"数据有效性"，在"允许"的下拉菜单中选择"序列"；

（3）在"来源"中选择步骤（1）中已预先输入内容的单元格，单击"确定"按钮即可，如图2-2-11所示。

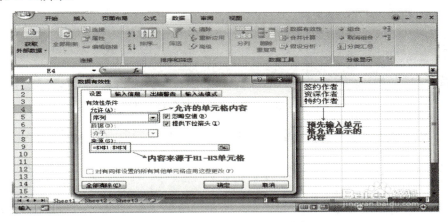

图2-2-11　设置数据有效性条件参数1

2. 设置有效性条件之整数

针对特定的单元格，可以设定整数的大小范围。操作步骤类似于序列的设置，不过在"允许"的下拉菜单中选择"整数"，然后可以分别设定整数上限、整数下限，当输入数据不在该范围时，弹出提示框。各项设置完毕后，单击"确定"按钮即可，如图2-2-12所示。

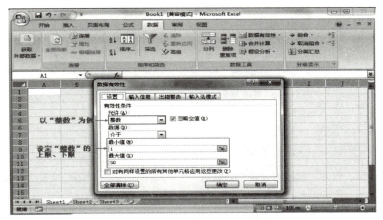

图2-2-12　设置数据有效性条件参数2

3. 设置有效性条件之其他

除了序列、整数之外，还有日期、时间、文本长度等其他功能选项，操作方法基本类似，如图2-2-13所示。

图2-2-13　设置数据有效性条件参数3

应用举例：打开"员工信息档案表"工作表，在I使用数据有效性输入部门名称，其操作步骤如下：

操作方法一：

（1）打开"员工信息档案表"工作表，选择需要设置有效性的单元格区域I3：I42，单击"数据"功能选项，选择"数据有效性"下拉列表中的"数据有效性"命令，打开"数据有效性"对话框，如图2-2-14所示。

（2）在"数据有效性"对话框中设置有效性的"允许"条件为：序列，"来源"条件为：行政部、财务部、人事部、市场部、采购部、销售部、车间等信息，如图2-2-15所示。

图2-2-14　打开"数据有效性"对话框　　　　图2-2-15　设置"有效性条件"参数

任务二 编制员工信息档案表

> **小知识**
>
> 序列"来源"文本框中的逗号应在英文状态下输入，不能在中文状态下输入。单击 按钮，在工作表中选择序列来源的数据。

（3）完成后单击"确定"按钮，此时单击I3单元格右下角便出现小三角符号，单击小三角符号，可以根据要求选择性录入各部门信息，I列其他单元格信息也用此方法选择性录入，如图2-2-16所示。

操作方法二：

（1）打开"员工信息档案表"工作表，选择需要设置有效性的单元格区域I3：I42，单击"数据"功能选项，选择"数据有效性"下拉列表中的"数据有效性"命令，打开"数据有效性"对话框，如图2-2-15所示。

（2）在"数据有效性"对话框中设置有效性的"允许"条件为：序列，"来源"条件录入公式：=公司基本信息表!$D$3：$D$9（也可以单击 按钮，在工作表中选择序列来源的数据），如图2-2-17所示。

图2-2-16 选择性录入部门信息

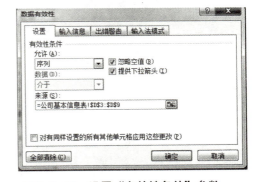

图2-2-17 设置"有效性条件"参数

（3）完成后单击"确定"按钮即可完成数据有效性的设置。

三、MID 函数

主要功能：从一个文本字符串的指定位置开始，截取指定数目的字符。

使用格式：MID(text,start_num,num_chars)

参数说明：text代表一个文本字符串；start_num表示指定的起始位置；num_chars表示要截取的数目。

应用举例：在A1单元格输入"我最喜欢的是地方是北京"字符串，在A2单元格中输入公式：=MID(A1,10,2)，如图2-2-18所示。

项目二 Excel 2010 的高级应用

确认后即返回值"北京"的字符,如图2-2-19所示。

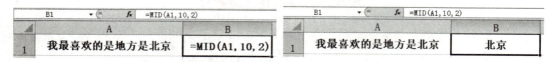

图2-2-18 设置数据有效性条件参数3　　图2-2-19 设置数据有效性条件参数3

特别提醒:公式中各参数间,要用英文状态下的逗号","隔开。

任务巩固

打开"知识训练"工作簿,新建一张工作表并重命名为"在校生名册",在表中制作"15会计高级1班在校生名册",完成后的效果如图2-2-20所示。

序号	姓名	性别	身份证号码	出生年月	专业	专业级别(中级工\高级工)	是否免费生	是否享受助学金
1	侯诗	女	441625200004140024	20000414	会计	高级工	是	否
2	周菲	女	441621200001302729	20000130	会计	高级工	是	否
3	张文	女	441623200110101 72X	20011010	会计	高级工	是	否
4	黄虎	男	441624199908235412	19990823	会计	高级工	是	是
5	黄萍	女	441625200001202326	20000120	会计	高级工	是	否
6	黎季	女	441622200109201045	20010920	会计	高级工	是	否
7	巫丽	女	441623199901075726	19990107	会计	高级工	是	否
8	刘殿	女	441625199909136968	19990913	会计	高级工	是	否
9	潘依	女	441624200005186481	20000518	会计	高级工	是	否
10	侯芝	女	411481199803148721	19980314	会计	高级工	是	否
11	钟书	女	441602200003113222	20000311	会计	高级工	否	否
12	李晓	女	441602199906061728	19990606	会计	高级工	是	否
13	苏冰	女	441602200001240042	20000124	会计	高级工	否	否
14	广晓	女	441602199908080026	19990808	会计	高级工	否	是
15	赖嘉	女	441622200011191623	20001119	会计	高级工	是	否
16	谢梦	女	441625200002175828	20000217	会计	高级工	是	否

图2-2-20 15会计高级1班在校生名册

要求:

(1)按样式要求输入标题及A、B、D、F列的内容。

(2)对C列"性别"、G列"专业级别"、H列"是否免费生"和I列"是否享受助学金"使用数据有效性选择输入。

(3)对E列"出生年月"设置MID函数输入。

(4)设置标题字体、字号为宋体,18号,加粗,行高为45;设置第二行的字体、字号为宋体,12号,加粗,行高为38;其他行的字体、字号为宋体,11号,行高为30。

(5)为表格设置合适的行高、列宽。

(6)设置纸张大小为:A4纸,页面方向为:纵向,左、右、上、下页边距均为1,居中方式为水平垂直居中。

(7)完成设置后单击"确定"按钮并打印该名册(要求在一张A4纸内打印)。

(8)单击"保存"按钮保存。

任务二 编制员工信息档案表

成果展示及评价

每位同学就任务的完成情况作个人学习总结。然后以小组为单位，可选择Excel电子表格、纸质文稿、演示文稿、展板或海报等形式进行展示，并推荐一名同学汇报学习成果。

1. 个人学习总结

完成情况：_____
_____
_____

遇到困难：_____
_____
_____

解决方法：_____
_____
_____

存在问题：_____
_____
_____

2. 学习任务评价表

学习任务评价表

班级：　　　　　　　　　　　　组别：　　　　　　　　　　　　姓名：

评价项目	项目内容及评分标准	分值	自我评价（20%）	小组评价（30%）	教师评价（50%）
职业素养	1. 能积极主动完成并上交老师布置的任务	20			
	2. 能与小组成员协作，有较强的团队意识	10			
	3. 任务实施过程是否安全、文明	10			
	4. 总结简明扼要、重点突出、思路清晰	10			
专业能力	1. 能按要求在规定时间内完成所有任务	10			
	2. 能熟练定义名称和设置数据有效性	30			
	3. 表格打印（或预览）美观大方	10			
创新能力	学习过程中提出具有创新性、可行性的建议	小计			
	创新加分　　汇报加分　　团队加分	综合得分			
教师评语	指导教师签名：			年　月　日	

任务三　编制日常费用和收入记录表

🎯 任务描述

小崔利用在校学的Excel在会计中的应用知识，帮助爸爸编制了公司的差旅费报销单和员工信息档案表等，让爸爸很满意，所以爸爸决定让小崔根据这两张表的信息编制一份公司日常费用和收入记录表。这张看上去挺普通的记录表，要想做得专业，还需要用到各种公式和函数呢。

🎯 任务目标

1. 熟悉VLOOKUP函数的基本运用；
2. 了解HLOOKUP和LOOKUP等函数的运用；
3. 能使用VLOOKUP函数跨工作表查找数据；
4. 能编制日常费用和收入记录表。

任务实施

一、规划表格样式

编制日常费用和收入记录表前，需对表格进行整体规划，确定表格项目及行数、列数等信息，再逐一进行格式设置，制作出行间色彩分明的工作表。图2-3-1所示为制作完成的万绿食品公司日常费用和收入记录表。

二、设置表格

（1）打开"我的案例"工作簿，新建一张工作表并重命名为"日常费用和收入记录表"。
（2）输入标题，根据样式确定行数、列数，加网格线。
（3）根据图2-3-1所示样式，输入第2、3行的内容和列A、B的内容，并设置列A为日期格式，日期类型为"2001/3/14"。

	A	B	C	D	E	F	G	H	I	J	K
1				万绿食品公司2月份日常费用和收入记录表						单位：元	
2	时间	员工名称	部门名称	部门编码	部门负责人	费用类别	类别编码	入额	出额	结余额	备注
3	2017/2/1									13,000.00	期初结余数
4	2017/2/2	赵华	行政部	1	赵华	差旅费	1005		146.00	12,854.00	交通发票
5	2017/2/2	王丽双	采购部	5	陈辉	培训费	1003		800.00	12,054.00	业务培训
6	2017/2/11	黄彩冰	行政部	1	赵华	差旅费	1005		1,890.00	10,164.00	武汉
7	2017/2/11	陈辉	采购部	5	陈辉	宣传费	1001		1,890.00	8,274.00	武汉
8	2017/2/15	黄蓉	行政部	1	赵华	招待费	1007		400.00	7,874.00	晚餐
9	2017/2/16	刘玲	财务部	2	刘玲	存款利息	1015	8,000.00		15,874.00	存款利息收入
10	2017/2/18	黄玉莹	财务部	2	刘玲	招待费	1007		200.00	15,674.00	业务招待
11	2017/2/19	赖汝忍	财务部	2	刘玲	通信费	1006		880.00	14,794.00	联系客户
12	2017/2/19	陈明	人事部	3	陈明	差旅费	1005		200.00	14,594.00	深圳
13	2017/2/19	骆流苏	采购部	5	陈辉	运输费	1011		650.00	13,944.00	交通发票
14	2017/2/19	李旭梅	人事部	3	陈明	通信费	1006		950.00	12,994.00	联系客户
15	2017/2/19	张宏	市场部	4	张宏	宣传费	1001		3,500.00	9,494.00	广告
16	2017/2/20	刘突然	市场部	4	张宏	培训费	1003		1,300.00	8,194.00	业务培训
17	2017/2/21	黄敏玲	行政部	1	赵华	差旅费	1005		780.00	7,414.00	交通发票
18	2017/2/22	李美锋	人事部	3	陈明	交通费	1004		600.00	6,814.00	办公用品
19	2017/2/22	陶玉锋	采购部	5	陈辉	差旅费	1005		594.00	6,220.00	惠州
20	2017/2/22	周强	销售部	6	周强	其他收入	1014	20,000.00		26,220.00	其他收入
21	2017/2/22	王锐	行政部	1	赵华	银行手续费	1013		300.00	25,920.00	手续费
22	2017/2/23	温晓敏	销售部	6	周强	租赁费	1012		10,000.00	15,920.00	销售厅租金
23	2017/2/24	吴翠芳	销售部	6	周强	水电费	1008		3,000.00	12,920.00	销售厅水电费
24	2017/2/25	欧阳光	车间	7	欧阳光	材料费	1010		700.00	12,220.00	惠州
25	2017/2/26	谢惠琴	销售部	6	周强	宣传费	1001		2,000.00	10,220.00	宣传单广告
26	2017/2/27	吴美娴	销售部	6	周强	办公费	1002		120.00	10,100.00	A4纸
27	2017/2/28	谢振英	车间	7	欧阳光	培训费	1003		500.00	9,600.00	业务培训

图2-3-1　日常费用和收入记录表样式

（4）使用"数据有效性"功能，按样式选择性输入F列费用类别的内容（具体操作步骤见任务二）。

（5）使用VLOOKUP函数在C、D、E、G列分别查找出部门名称、部门编码、部门负责人和类别编码。

①选择C4单元格，输入公式"＝VLOOKUP(B4,员工信息档案表!$B:$I,8,0)"，如图2-3-2所示，完成后按Enter键，即可返回赵华所在的部门"行政部"。

C4	▼	(	f_x	=VLOOKUP(B4,员工信息档案表!$B:$I,8,0)

图2-3-2　使用VLOOKUP函数查找部门名称

小 提 示

在Excel公式中输入绝对值符号，可先输入单元格区域，如B:I，然后选择该单元格区域，再单击F4键，即可快速输入绝对值区域$B:$I。

②选择D4单元格，输入公式"＝VLOOKUP(C4,公司基本信息表!$D:$E,2,0)"，如图2-3-3所示，完成后按Enter键，即可返回赵华所在的部门编码"1"。

图2-3-3　使用VLOOKUP函数查找部门编码

③选择E4单元格，输入公式"＝VLOOKUP(D4,公司基本信息表!$E:$F,2,0)"，如

图2-3-4所示，完成后按Enter键，即可返回部门负责人"赵华"。

图2-3-4　使用VLOOKUP函数查找部门负责人

④选择G4单元格，输入公式"＝VLOOKUP(F4,公司基本信息表!\$B:\$C,2,0)"，如图2-3-5所示，完成后按Enter键，即可返回类别编码"1005"。

图2-3-5　使用VLOOKUP函数查找类别编码

（6）公式输完后，分别使用自动填充柄功能填充以上四列第4～27行的所有信息。

（7）根据样式，输入"入额""出额"和"备注"列内容，设置入额、出额和结余栏为会计专用，小数位数2位，无货币符号。

（8）选择J4单元格，输入公式"＝J3＋H4－I4"，结出2月2日的余额，结余额"＝上期结余＋本期入额－本期出额"，使用自动填充柄功能填充J5：J27单元格区域，结出本月所有余额。

（9）调整合适的字体、字号、行高、列高等单元格格式。

（10）页面设置。

①设置纸张大小为A4，页面方向横向。

②根据打印预览，自行调节最佳的页边距并保存。

③进行打印预览并打印出该记录表。

知识储备及拓展

一、LOOKUP 函数

主要功能：把数（或文本）与一行或一列的数据依次进行匹配，匹配成功后，把对应的数值查找出来。LOOKUP函数分为向量型查找和数组型查找。在一列或一行中查找某个值，称为向量型查找。在数列或数行中查找，称为数组型查找。

使用格式：向量型查找＝lookup(lookup_value,lookup_vector,result_vector)＝lookup(查找的值,查找的范围,返回值的范围)数组型查找＝lookup(lookup_value,array)＝lookup(查找的值,数组)

参数说明：参数lookup_value表示查找的值——它的形式可以是：数字、文本、逻辑值

项目二 Excel 2010 的高级应用

或包含数值的名称或引用。参数lookup_vector表示查找的范围——只包含一行或一列的区域。参数result_vector表示返回值的范围——只包含一行或一列的区域，且其大小必须与lookup_vector（查找的范围）一致。

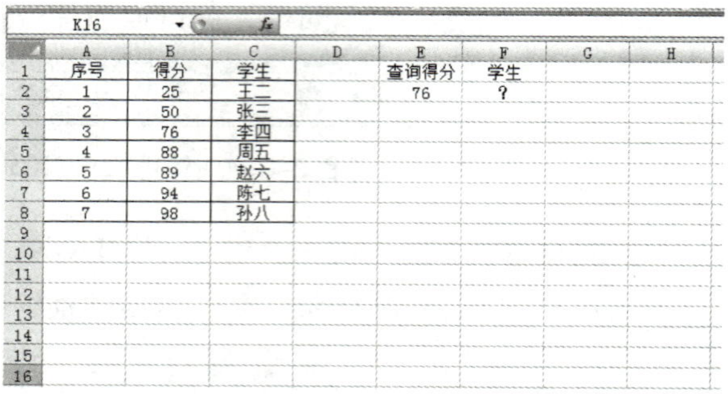

应用举例：以一份学生成绩表为例，查询出得分为76分的学生姓名，如图2-3-6所示。

图2-3-6　学生信息

在F2单元格输入"＝LOOKUP(E2,B2：B8,C2：C8)"，如图2-3-7所示。

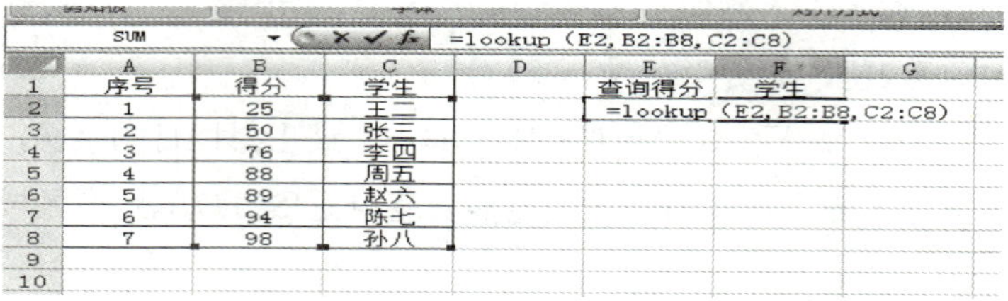

图2-3-7　输入LOOKUP函数

公式输入完成后按Enter键，即可查找出学生姓名为"李四"，如图2-3-8所示。

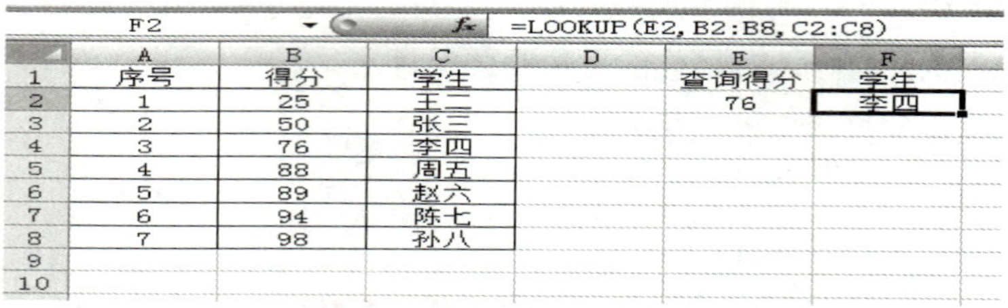

图2-3-8　使用LOOKUP函数查找符合条件的数据

该LOOKUP函数括号内的含义是，其中E2就是我们查询的得分条件，B2：B8是得分项所在的列区间，也叫条件区域，那么C2：C8就是要查找的对应区域，如图2-3-9所示。

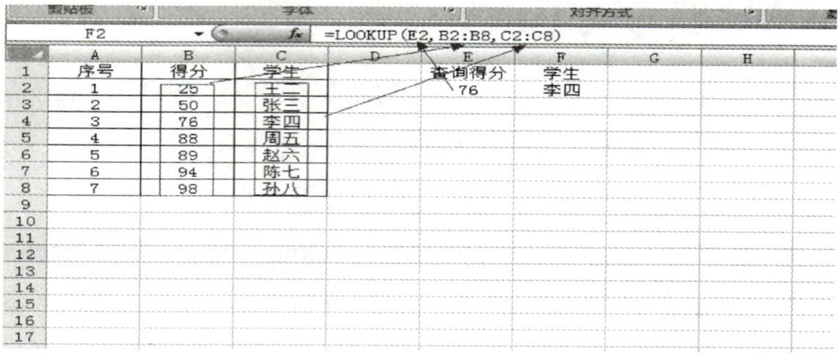

图2-3-9　LOOKUP函数的使用条件

小知识

LOOKUP函数的使用要求：查询条件按照升序排列，所以使用该函数之前需要对表格进行排序处理。查询的条件可以高于查询条件列的最大值，但是不能低于查询条件列的最小值。

二、VLOOKUP 函数

主要功能：纵向查找函数，在表格或数值数组的首列查找指定的数值，并由此返回表格或数组中该数值所在行中指定列的数值。

使用格式：VLOOKUP(lookup_value,table_array,col_index_num,range_lookup)

参数说明：Lookup_value代表需要查找的数值；Table_array代表需要在其中查找数据的单元格区域；Col_index_num为在table_array区域中待返回的匹配值的列序号（当Col_index_num为2时，返回table_array第2列中的数值，为3时，返回第3列的值……）；Range_lookup为一逻辑值，如果为TRUE或省略，则返回近似匹配值，也就是说，如果找不到精确匹配值，则返回小于lookup_value的最大数值，如果为FALSE，则返回精确匹配值，如果找不到，则返回错误值#N/A。

特别提醒：Lookup_value参数必须在Table_array区域的首列中；如果忽略Range_lookup参数，则Table_array的首列必须进行排序；在此函数的向导中，有关Range_lookup参数的用法是错误的。

应用举例：打开"我的案例"工作簿，在"记账凭证总表"工作表中的H列使用VLOOKUP函数根据科目代码查找符合条件的一级科目名称，其操作方法如下：

（1）输入公式。

方法一：选择H3单元格，单击"公式"功能选项卡，在功能区中单击"查找与引用"按钮，在下拉列表中选择"VLOOKUP"命令，弹出"函数参数"对话框，在各行参数中按图2-3-10和图2-3-11所示填写。

图2-3-10　选择VLOOKUP函数命令

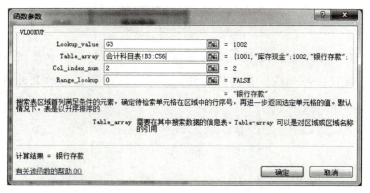

图2-3-11 设置"函数参数"条件

方法二：选择H3单元格，在编辑栏里输入公式"=VLOOKUP(G3,会计科目表!$B:$C,2,0)"，表示在"会计科目表"工作表B:C区域的第1列查找当前表单元格G3的值，查到后，返回"会计科目表"工作表B:C区域的第2列的值，如果找不到，则返回错误值"#N/A"，如图2-3-12所示。

图2-3-12 使用编辑栏输入公式

（2）公式输入完成后，单击"确定"按钮，即可查找对应的一级科目名称"银行存款"，使用自动填充柄住下拖曳便可以快速查找G列的所有一级科目名称，如图2-3-13所示。

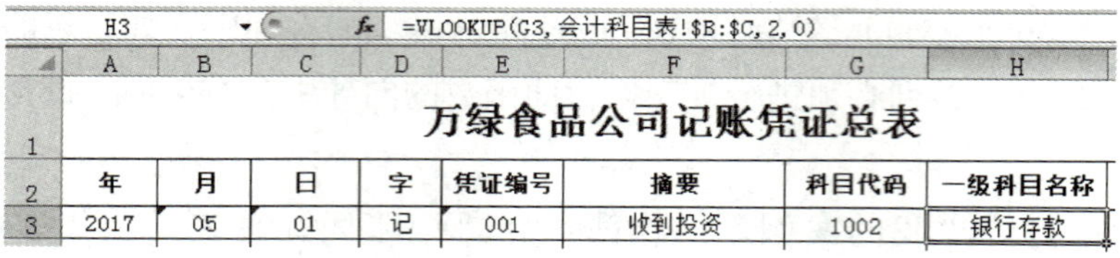

图2-3-13 查找一级科目名称

需要注意的是，使用VLOOKUP函数查找匹配的数据，必须要保证在同一工作簿中要有可供查找的源数据，如上例的"会计科目表"工作表。如果"会计科目表"存放在"作业"工作簿内，则公式需要改成"=VLOOKUP(G3,[作业.xlsx]会计科目表!B:C,2,0)"，即跨工作表查找数据。

小 知 识

VLOOKUP最容易出错的地方是查找区域的首列必须含有查找的内容。例如一个表，A列是序号，B列是姓名，C列是身份证，如果在D列输入其中的一个姓名，则在E1单元格得到其身份证的公式不能是=VLOOKUP(D1,A:C,3,0)，而应是=VLOOKUP(D1,B:C,2,0)。

三、HLOOKUP 函数

函数名称：HLOOKUP

主要功能：HLOOKUP函数是Excel等电子表格中的横向查找函数，它与LOOKUP函数和VLOOKUP函数属于一类函数，HLOOKUP是按行查找的，VLOOKUP是按列查找的。

使用格式：HLOOKUP(lookup_value,table_array,row_index_num,range_lookup)

参数说明：Lookup_value为需要在数据表第一行中进行查找的数值，Lookup_value可以为数值、引用或文本字符串。Table_array为需要在其中查找数据的数据表，使用对区域或区域名称的引用。Row_index_num为table_array中待返回的匹配值的行序号，为1时，返回table_array第一行的数值，为2时，返回table_array第二行的数值，依此类推。如果row_index_num小于1，函数HLOOKUP返回错误值#VALUE!；如果row_index_num大于table_array的行数，函数HLOOKUP返回错误值#REF!。Range_lookup为一逻辑值，指明函数HLOOKUP查找时是精确匹配还是近似匹配。如果为TURE或者1，则返回近似匹配值。也就是说，如果找不到精确匹配值，则返回小于lookup_value的最大数值。如果range_lookup为FALSE或0，函数HLOOKUP将查找精确匹配值，如果找不到，则返回错误值#N/A。如果range_lookup省略，则默认为近似匹配。

表格或数值数组（数组：用于建立可生成多个结果或可对在行和列中排列的一组参数进行运算的单个公式。数组区域共用一个公式；数组常量是用作参数的一组常量。）的首行查找指定的数值，并在表格或数组中指定行的同一列中返回一个数值。当比较值位于数据表的首行，并且要查找下面给定行中的数据时，使用函数HLOOKUP；当比较值位于要查找的数据左边的一列时，使用函数VLOOKUP。HLOOKUP中的H代表"行"。

应用举例：假设在A1：K6区域中提取100003、100004、100005、100007、100010五人的全年总计销量，并对应的输入N3：R3区域中。一个一个地手动查找在数据量大的时候十分烦琐，因此这里使用HLOOKUP函数演示，如图2-3-14所示。

	A	B	C	D	E	F	G	H	I	J	K
1	工号	100001	100002	100003	100004	100005	100006	100007	100008	100009	100010
2	第一季度	7	8	9	10	8	8	7	9	8	9
3	第二季度	9	9	9	8	9	7	9	8	9	7
4	第三季度	8	7	8	9	9	8	9	7	7	8
5	第四季度	8	10	8	9	10	8	9	8	10
6	全年总计	32	34	34	36	35	33	31	35	32	34
7											

图2-3-14 使用HLOOKUP函数查找数据

首先在N3单元格输入"=HLOOKUP("此时Excel就会提示4个参数。第一个参数，很显然，要让100003对应的是N2，这里就输入"N2，"；第二个参数，这里输入要查找的区域，即"$A$1：$K$6，"；第三个参数，"全年总计"是区域的第六行，所以这里输入"6"，输入"5"就会输入第四季度的项目了；第四个参数，因为要精确地查找工号，所以填"FALSE"。最后补全右括号"）"，得到公式"＝HLOOKUP(N2,$A$1：$K$6,6,0）"，使用填充柄填充其他单元格即可完成查找操作，如图2-3-15所示。

M	N	O	P	Q	R
工号	100003	100004	100005	100007	100010
全年总计	34	36	35	31	34

图2-3-15　生成结果

四、相对引用、绝对引用和混合引用

1. 相对引用

没有绝对值引用符"$"的为相对地址，当公式向其他单元格中复制时，公式会跟着发生变化。如：C1＝A1＋B1，当将公式复制到C2单元格时，变为：C2＝A2＋B2，公式发生，变化，如图2-3-16所示。

	A	B	C
1	80	90	170
2	60	70	130

C2　fx　=A2+B2

图2-3-16　相对引用

2. 绝对引用

列号和行号加上绝对值引用符"$"的为绝对地址，当公式向其他单元格复制时，公式不会发生变化。如：C1＝$A$1＋$B$1，当将公式复制到C2单元格时，变为：＝$A$1＋$B$1，公式始终未变，如图2-3-17所示。

	A	B	C
1	80	90	170
2	60	70	170

C2　fx　=$A$1+$B$1

图2-3-17　绝对引用

3. 混合引用

只有行号或列号加上绝对值引用符"$"的为混合地址。混合引用时，部分地址会发生变化。如：C1＝$A1＋$B1，当将公式复制到C2单元格时，变为：＝$A2＋$B2，列号不变，行号发生变化，如图2-3-18所示。

任务三　编制日常费用和收入记录表

图2-3-18　混合引用

任务巩固

资料：万绿食品有限公司9月份日常收支情况如图2-3-19所示，按要求完成以下操作。

要求：

（1）打开"知识训练"工作簿，新建一张工作表，并重命名为"万绿公司9月份收支记录表"，根据表中样式输入基本信息，除"费用类别"列使用数据有效性输入外，其他列的基本信息采用手动输入。

（2）在C、D、E、G列使用VLOOKUP函数查找相应的部门编码、部门名称、部门负责人和类别编码（数据源为"我的案例"工作簿中的"会计科目表"工作表，即要跨工作簿查找数据）。

（3）在J列使用公式计算每天的"结余额"。

（4）所有金额列格式设置为：会计专用，保留2位小数，无货币符号。

（5）调整合适的行高、列宽和页面设置等，使表格看上去美观大方。

（6）完成后单击"保存"按钮。

	A	B	C	D	E	F	G	H	I	J
1			万绿食品公司9月份日常收支记录表					单位：元		
2	时间	员工名称	部门名称	部门编码	部门负责人	费用类别	类别编码	入额	出额	结余额
3	2017/9/1									20,000.00
4	2017/9/2	刘玲				宣传费			200.00	
5	2017/9/3	谢惠琴				差旅费			600.00	
6	2017/9/4	赵成				宣传费			2,000.00	
7	2017/9/5	陈辉				招待费			2,000.00	
8	2017/9/6	黄蓉				培训费			550.00	
9	2017/9/7	刘玲				存款利息		370.00		
10	2017/9/8	黄玉莹				宣传费			700.00	
11	2017/9/9	崔恩明				差旅费			300.00	
12	2017/9/10	陈明				宣传费			500.00	
13	2017/9/11	骆流苏				差旅费			900.00	
14	2017/9/12	李旭梅				招待费			2,000.00	
15	2017/9/13	张宏				培训费			3,500.00	
16	2017/9/14	刘突然				宣传费			1,300.00	
17	2017/9/15	黄敏玲				差旅费			780.00	
18	2017/9/16	李美珊				培训费			600.00	
19	2017/9/17	陶玉锋				宣传费			594.00	
20	2017/9/18	周强				银行手续费			400.00	
21	2017/9/19	王锐				宣传费			300.00	
22	2017/9/20	温晓敏				宣传费			8,000.00	
23	2017/9/21	吴翠芳				差旅费			3,000.00	

图2-3-19　万绿食品公司9月份日常收支记录表

任务三　编制日常费用和收入记录表

成果展示及评价

每位同学就任务的完成情况作个人学习总结。然后以小组为单位，可选择Excel电子表格、纸质文稿、演示文稿、展板或海报等形式进行展示，并推荐一名同学汇报学习成果。

1. 个人学习总结

完成情况：_____
_____
_____

遇到困难：_____
_____
_____

解决方法：_____
_____
_____

存在问题：_____
_____
_____

2. 学习任务评价表

学习任务评价表

班级：　　　　　　　　组别：　　　　　　　　姓名：

评价项目	项目内容及评分标准	分值	自我评价（20%）	小组评价（30%）	教师评价（50%）
职业素养	1. 能积极主动完成并上交老师布置的任务	20			
	2. 能与小组成员协作，有较强的团队意识	10			
	3. 任务实施过程是否安全、文明	10			
	4. 总结简明扼要、重点突出、思路清晰	10			
专业能力	1. 能按要求在规定时间内完成所有任务	10			
	2. 能掌握VLOOKUP等函数的基本运用	30			
	3. 表格打印（或预览）美观大方	10			
创新能力	学习过程中提出具有创新性、可行性的建议	小计			
	创新加分　　汇报加分　　团队加分	综合得分			
教师评语					
	指导教师签名：　　　　　　　　　　　　　　　年　月　日				

任务四　编制季度销售情况表

任务描述

爸爸公司2017年第一季度的销售业务已经结束了，小崔根据爸爸提供的销售情况做了一份"季度销售情况表"，那么究竟谁才是第一季度的销售冠军呢？爸爸要求小崔用图表的形式显示本季度的销售业绩情况及季度冠军等信息。小崔感觉到从未有过的压力，因为他知道要用图表显示以上信息，需要用到数据透视表和数据透视图的功能，可是这两个功能他还没学过，于是他决定通过自学的方式帮爸爸解决这一问题。

任务目标

1. 熟练使用"数据透视表"功能汇总数据；
2. 熟练使用"数据透视图"，并通过透视图显示各种数据的透视；
3. 能制作"一季度销售情况表""一季度销售汇总透视表"和"一季度销售汇总透视图"。

任务实施

一、规划表格样式

河源万绿食品公司销售业务已经结束，现需要根据公司的相关销售信息资料编制河源万绿食品公司的"一季度销售情况表""一季度销售汇总透视表"和"一季度销售汇总透视图"，编制效果如图2-4-1～图2-4-3所示。

万绿食品公司2007年第一季度销售情况表

客户代码	销售月份	销售部门	销售人员	产品名称	销售数量	销售金额	销售产品成本
WL0001	1	一科	周强	A	700	420,000.00	210,000.00
WL0011	1	二科	温晓敏	A	296	177,600.00	88,800.00
WL0023	1	一科	吴翠芳	B	490	343,000.00	171,500.00
WL0002	1	二科	温晓敏	A	350	210,000.00	105,000.00
WL0003	1	一科	周强	A	500	300,000.00	150,000.00
WL0005	1	二科	吴美娴	B	480	336,000.00	168,000.00
WL0003	1	一科	谢惠琴	C	660	594,000.00	297,000.00
WL0006	1	二科	黄萍	C	510	459,000.00	229,500.00
WL0008	1	一科	吴翠芳	A	450	270,000.00	135,000.00
WL0012	1	一科	吴翠芳	A	520	312,000.00	156,000.00
WL0011	1	二科	温晓敏	C	510	459,000.00	229,500.00
WL0013	1	一科	周强	B	800	560,000.00	280,000.00
WL0022	1	二科	吴美娴	A	700	420,000.00	210,000.00
WL0034	1	一科	谢惠琴	B	512	358,400.00	179,200.00
WL0021	1	二科	温晓敏	A	320	192,000.00	96,000.00
WL0013	1	一科	周强	B	810	567,000.00	283,500.00
WL0014	2	一科	吴翠芳	C	410	369,000.00	184,500.00
WL0001	2	二科	温晓敏	A	300	180,000.00	90,000.00
WL0023	2	一科	谢惠琴	B	500	350,000.00	175,000.00
WL0024	2	一科	吴翠芳	C	456	410,400.00	205,200.00
WL0010	2	二科	黄萍	B	660	462,000.00	231,000.00
WL0014	2	一科	谢惠琴	A	440	264,000.00	132,000.00
WL0036	2	二科	温晓敏	C	510	459,000.00	229,500.00
WL0023	2	一科	吴美娴	A	320	192,000.00	96,000.00
WL0011	2	一科	谢惠琴	B	660	462,000.00	231,000.00
WL0029	2	二科	黄萍	A	730	438,000.00	219,000.00
WL0018	2	一科	周强	B	691	483,700.00	241,850.00
WL0036	2	一科	吴翠芳	A	410	246,000.00	123,000.00
WL0039	2	二科	黄萍	B	312	218,400.00	109,200.00
WL0037	2	二科	温晓敏	A	512	307,200.00	153,600.00
WL0028	2	一科	周强	B	880	616,000.00	308,000.00
WL0009	2	一科	吴翠芳	C	302	271,800.00	135,900.00
WL0041	2	二科	温晓敏	A	602	361,200.00	180,600.00
WL0035	2	二科	吴美娴	B	550	385,000.00	192,500.00
WL0011	3	二科	吴美娴	A	700	420,000.00	210,000.00
WL0010	3	一科	周强	B	780	546,000.00	273,000.00
WL0045	3	一科	谢惠琴	C	754	678,600.00	339,300.00
WL0024	3	二科	黄萍	A	321	192,600.00	96,300.00
WL0031	3	二科	温晓敏	B	465	150,230.00	75,115.00
WL0032	3	一科	谢惠琴	C	810	729,000.00	364,500.00
WL0021	3	一科	吴翠芳	A	350	210,000.00	105,000.00
WL0024	3	二科	黄萍	B	670	469,000.00	234,500.00
WL0044	3	二科	温晓敏	C	340	306,000.00	153,000.00
WL0038	3	一科	吴美娴	A	410	246,000.00	123,000.00
WL0011	3	一科	周强	B	670	469,000.00	234,500.00
WL0036	3	一科	谢惠琴	A	600	360,000.00	180,000.00
WL0042	3	一科	周强	A	550	330,000.00	165,000.00
WL0032	3	二科	温晓敏	B	490	343,000.00	171,500.00
WL0034	3	二科	吴美娴	C	520	468,000.00	234,000.00

图2-4-1 一季度销售情况表

任务四　编制季度销售情况表

万绿食品公司一季度销售汇总透视表

求和项:销售金额	列标签			
行标签	1月份	2月份	3月份	总计
A产品	2,301,600.00	1,988,400.00	1,758,600.00	6,048,600.00
一科	1,302,000.00	510,000.00	900,000.00	2,712,000.00
二科	999,600.00	1,478,400.00	858,600.00	3,336,600.00
B产品	2,164,400.00	2,977,100.00	1,977,230.00	7,118,730.00
一科	1,828,400.00	1,911,700.00	1,015,000.00	4,755,100.00
二科	336,000.00	1,065,400.00	962,230.00	2,363,630.00
C产品	1,512,000.00	1,510,200.00	2,181,600.00	5,203,800.00
一科	594,000.00	1,051,200.00	1,407,600.00	3,052,800.00
二科	918,000.00	459,000.00	774,000.00	2,151,000.00
总计	¥ 5,978,000.00	¥ 6,475,700.00	¥ 5,917,430.00	¥ 18,371,130.00

图2-4-2　一季度销售汇总透视表

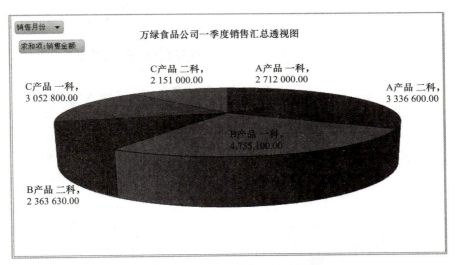

图2-4-3　一季度销售汇总透视图

二、设置表格

（一）编制"一季度销售情况表"

（1）打开"我的案例"工作簿，新建一张工作表，并将工作表重命名为"一季度销售情况表"。

（2）输入标题，根据样式确定行数、列数，加网格线。

（3）根据图2-4-1所示样式，输入第A、B、D、F列内容；将C、E列设置为"数据有效

项目二 Excel 2010 的高级应用

性"，设置完成后按样式内容选择输入。

（4）"销售金额"列按公式"销售数量×销售单价"计算，其中A产品的销售单价为600元，B产品的销售单价为700元，C产品的销售单价为900元。例如，G3单元格的公式为"＝F3*600"，则返回销售金额的值为420 000.00元。

（5）"销售产品成本"列按公式"销售金额/2"计算。例如，H3单元格的公式为"＝G3/2"，则返回销售产品成本的值为210 000.00元。

（6）设置G、H列的单元格格式为会计专用，小数位数2位，无货币符号。

（7）根据样式，将表格内容填写完整，并设置合适的行高、列高。

（8）页面设置：设置纸张大小为A4，页面方向纵向，自行调节最佳的页边距，使表格打印预览看上去美观大方。

（9）设置完成后单击"保存"按钮。

（二）创建"一季度销售汇总透视表"

（1）打开"一季度销售情况表"工作表，单击"插入"选项卡→"数据透视表"下拉按钮→"数据透视表"命令，打开"创建数据透视表"对话框，如图2-4-4和图2-4-5所示。

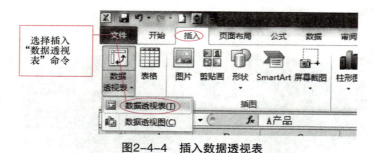

图2-4-4 插入数据透视表

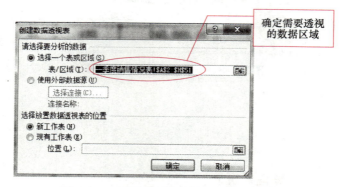

图2-4-5 打开"创建数据透视表"对话框

（2）在弹出的对话框中选择一个表或区域，如图2-4-5所示，"放置数据透视表的位置"选择为"新工作表"，单击"确定"按钮，则系统会自动新建一个工作表，效果如图2-4-6所示。

（3）将新的工作表重命名为"一季度销售汇总透视表"。

（4）在数据透视表字段列表中将"销售月份"字段拖动到"列标签"区域窗格，将"产品名称"和"销售部门"字段拖动到"行标签"区域窗格，将"销售金额"拖动到"数值"区域窗格，设置完成后，透视表字段列表如图2-4-7所示。

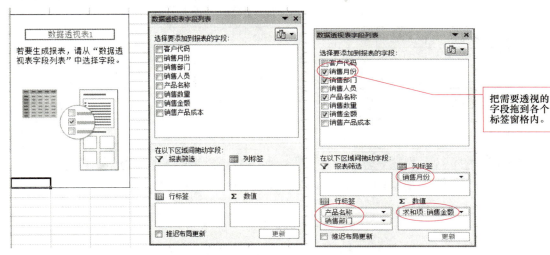

图2-4-6 "数据透视表字段列表"窗格　　　图2-4-7 设置数据透视表字段列表

（5）单击"求和项：销售金额"小三角按钮，可以对值字段进行设置，选择计算类型为"求和"，如图2-4-8所示。

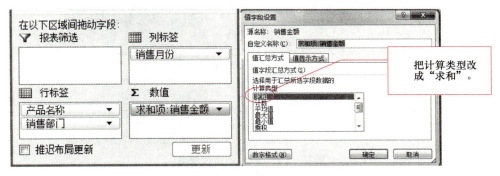

图2-4-8 设置计算类型

（6）在数据透视表区域第一行加上标题"万绿食品公司一季度销售汇总透视表"，A3:E13区域加上边框，调整合适的行高、列宽，使报表区域完成效果如图2-4-9所示。

（7）页面设置：设置纸张大小为A4，横向打印，自行调节最佳的页边距，使表格打印预览看上去美观大方。

（8）设置完成后，单击"保存"按钮。

项目二　Excel 2010 的高级应用

万绿食品公司一季度销售汇总透视表

求和项:销售金额	列标签			
行标签	1月份	2月份	3月份	总计
A产品	2,301,600.00	1,988,400.00	1,758,600.00	6,048,600.00
一科	1,302,000.00	510,000.00	900,000.00	2,712,000.00
二科	999,600.00	1,478,400.00	858,600.00	3,336,600.00
B产品	2,164,400.00	2,977,100.00	1,977,230.00	7,118,730.00
一科	1,828,400.00	1,911,700.00	1,015,000.00	4,755,100.00
二科	336,000.00	1,065,400.00	962,230.00	2,363,630.00
C产品	1,512,000.00	1,510,200.00	2,181,600.00	5,203,800.00
一科	594,000.00	1,051,200.00	1,407,600.00	3,052,800.00
二科	918,000.00	459,000.00	774,000.00	2,151,000.00
总计	¥ 5,978,000.00	¥ 6,475,700.00	¥ 5,917,430.00	¥ 18,371,130.00

图2-4-9　制作完成的"一季度销售汇总透视表"

（三）创建"一季度销售汇总透视图"

（1）打开"一季度销售情况表"工作表，单击"插入"选项卡→"数据透视表"小三角按钮→"数据透视图"命令，打开"创建数据透视表"对话框，如图2-4-10和图2-4-11所示。

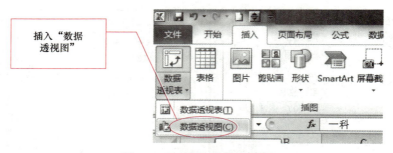

图2-4-10　插入数据透视图

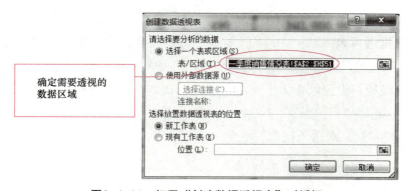

图2-4-11　打开"创建数据透视表"对话框

（2）在弹出的对话框中选择一个表或区域，如图2-4-11所示，"放置数据透视表的位置"选择为"新工作表"，单击"确定"按钮，则系统会自动新建一个新的工作表，效果如图2-4-12所示。

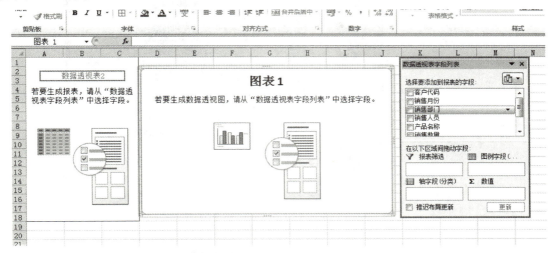

图2-4-12　新建数据透视图表1

（3）将新的工作表重命名为"一季度销售汇总透视图"。

（4）在数据透视表字段列表中将"销售月份"字段拖动到"列标签"框内，将"产品名称"和"销售部门"字段拖动到框"行标签"内，将"销售金额"拖动到"数值"框内，设置完成后的透视表字段列表如图2-4-13所示。

（5）美化数据透视图。

①单击数据透视图的任意区域，选择"设计"选项卡→"更改图表类型"命令，打开"更改图表类型"对话框，选择"饼图"选项，并在图表布局中选择"布局4"，在图表样式中选择"样式2"，如图2-4-14～图2-4-16所示。

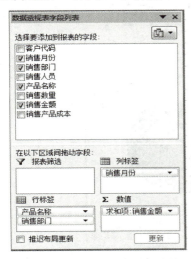

图2-4-13　设置数据透视表字段列表

图2-4-14　更改图表类型

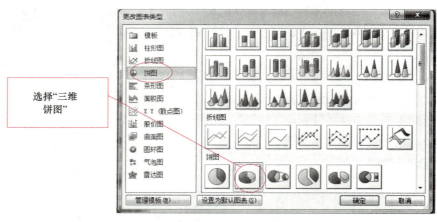

图2-4-15　选择"三维饼图"

图2-4-16　选择"布局4"和"样式2"

② 双击饼图的任意一块区域，打开"设置数据点格式"对话框，设置边框颜色为黑色实线，无透明度，如图2-4-17所示。

（6）为图表加上标题"万绿食品公司一季度销售汇总透视图"，使图表完成后如图2-4-18所示。

图2-4-17　设置数据点格式

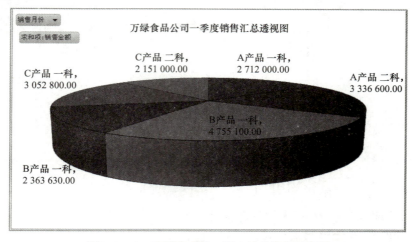

图2-4-18　设置完成的一季度销售汇总透视图

（7）页面设置：设置纸张大小为A4，横向打印，自行调节最佳的页边距，使表格打印预览看上去美观大方。

（8）设置完成后，单击"保存"按钮。

小 提 示

如果工作簿因工作表的张数太多而不便切换，则可右键单击屏幕左下角的右箭头 ，在弹出的工作表名称中选择需要用的工作表，或单击"其他工作表"，可选择更多的工作表。

知识储备及拓展

一、插入图表

Excel图表可以将数据图形化，更直观地显示数据，使数据的比较或趋势变得一目了然，从而更容易表达我们的观点。

例如，万绿食品公司二科销售人员的第一季度销售情况如图2-4-19所示，按销售情况表创建图表，以直观显示各销售人员的销售比例情况。

	A	B	C	D	E	F	G
1	万绿食品公司2007年第一季度二科销售情况表						
2	客户代码	销售月份	销售部门	销售人员	产品名称	销售数量	销售金额
3	WL0011	1月份	二科	温晓敏	A产品	296	177600
4	WL0037	2月份	二科	梁秋	A产品	512	307200
5	WL0041	2月份	二科	刘怡	A产品	602	361200
6	WL0011	3月份	二科	吴美娴	A产品	700	420000
7	WL0024	3月份	二科	黄萍	A产品	321	192600
8	WL0010	2月份	二科	温晓敏	B产品	660	462000
9	WL0039	2月份	二科	梁秋	B产品	312	218400
10	WL0011	1月份	二科	刘怡	C产品	510	459000
11	WL0036	2月份	二科	吴美娴	C产品	510	459000
12	WL0044	3月份	二科	黄萍	C产品	340	306000

图2-4-19 二科销售情况表

（一）创建图表

（1）选中需要生成图表的数据区域"D3：G7"。

（2）单击"插入"选项卡→"图表"组→"饼图"→"三维饼图"命令，即可插入一个三维饼图，如图2-4-20和图2-4-21所示。

图2-4-20　单击"插入"功能卡

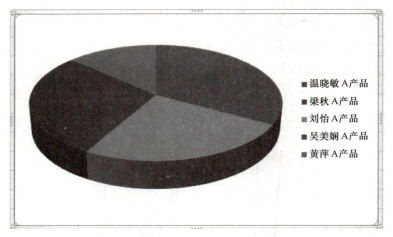

图2-4-21　插入饼图

（二）更换图表类型及格式

（1）单击图表框内的任意位置，在图表功能区选择"布局1"和"样式2"，如图2-4-22和图2-4-23所示。

图2-4-22　选择"布局1"和"样式2"

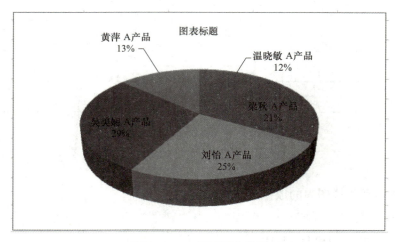

图2-4-23　设置图表类型

（2）更改图表标题：单击"图表标题"，修改标题为"一季度二科销售情况表"，并将标题字体设为：宋体，14号，加粗。

（3）双击图表白色任一区域，弹出"设置图表区格式"对话框，设置阴影效果为"右下斜偏移"，如图2-4-24和图2-4-25所示。

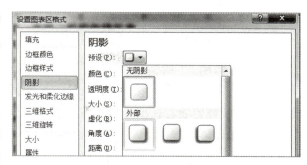

图2-4-24 设置图表区格式

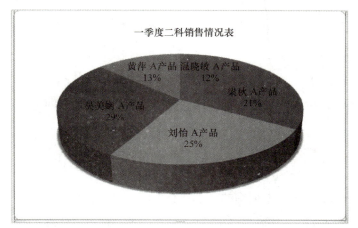

图2-4-25 设置完成的效果图

（三）动态更新图表中的数据

生成图表后，发现温晓敏一月份的销售数量应为500。操作步骤是：直接将F3单元格的数据由296改为500，按Enter键确认。这样一季度二科销售情况表的数据饼图便自动更新，如图2-4-26所示。

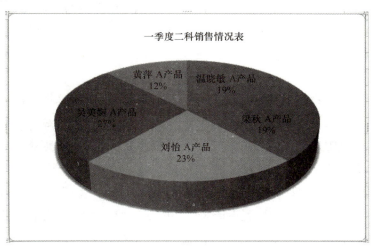

图2-4-26 更新图表中的数据

（四）移动图表

有时希望移动图表到恰当的位置，让工作表看起来更美观，下面将学习如何移动图表。

（1）单击图表的边框，图表的四角和四边上将出现8个黑色的小正方形。

（2）一直按住鼠标不放，移动鼠标，这时鼠标指针会变成四向箭头和虚线，继续移动鼠标，图表的位置随着鼠标的移动而改变。

（3）用这样的方法把图表移动到恰当的位置即可。

（五）调整图表的大小

同样地，也可能希望调整图表的大小，有这种需求时，进行下面的操作即可。

（1）单击图表的边框，图表的四角和四边上将出现8个黑色的小正方形。

（2）将鼠标指针移动到某个正方形上，拖动它就可以改变图表的大小。

（六）删除图表

当想删除图表时，单击图表的边框选中它，然后单击Delete键即可。

二、创建数据透视表

数据透视表是Excel进行数据处理的一个强有力的工具，它从工作表数据中提取信息，对数据进行重新布局和分类汇总并生成动态总结报告，是一种可以快速汇总、分析大量数据表格的交互式工具。不必写入复杂的公式，通过向导创建一个交互式表格来自动组织和汇总数据，并立即得到结果。使用数据透视表可以按照数据表格的不同字段从多个角度进行透视，并建立交叉表格，用以查看数据表格不同层面的汇总信息、分析结果及摘要数据。数据透视表可以将大量、繁杂的数据行转化成简单的、可分析的、有意义的表示方式。

之所以称其为数据透视表，是因为可以动态地改变它们的版面布置，以便按照不同方式分析数据，也可以重新安排行号、列标和页字段。每一次改变版面布置时，数据透视表会立即按照新的布置重新计算数据。另外，如果原始数据发生更改，则可以更新数据透视表。

下面以"一季度销售情况表"为例，创建数据透视表，显示3月份业绩最好的销售人员。

1. 创建数据透视表

（1）打开"一季度销售情况表"工作表，单击表格中的任意单元格，单击"插入"选项卡→"数据透视表"下拉按钮→"数据透视表"命令，打开"创建数据透视表"对话框，在弹出的对话框中选择一个表或区域（默认即可），"放置数据透视表"的位置选择为"新工作表"，单击"确定"按钮，则系统会自动新建一个工作表。

（2）在"数据透视表字段列表"窗格中，选择"销售月份""销售人员"和"销售金额"字段，并将其分别拖至"报表筛选""行标签"和"数值"3个区域性窗格中，如图2-4-27所示。

任务四 编制季度销售情况表

> **小知识**
>
> 若发现窗格中的字段有错误，则直接将窗格中的字段拖至窗格外即可。

图2-4-27 拖动相关的字段到各个区域空格

（3）单击数据透视表中的"销售月份"下拉选项，选择"3月份"，选择A4：B9单元格区域，单击"行标签"右下角的小三角下拉按钮，选择"其他排序选项"→"降序排序"→"求和项：销售金额"选项，如图2-4-28和图2-4-29所示。

这样数据透视表就基本创建好了，如图2-4-30所示。

图2-4-28 选择月份　　图2-4-29 对求和项排序　　图2-4-30 创建完成的数据透视表

2. 设置数据透视表边框

选择A4：B10单元格区域，单击鼠标右键，设置单元格格式，为透视表加边框，并设置"会计专用"格式，保留2位小数，无货币符号，并调整合适的行高、列宽。完成后效果如图2-4-31所示。

3. 修改数据透视表

若对同一源数据表有不同的统计要求，则不需要重新创建数据透视表，仅对已创建的数据透视表进行修改即可。通过重新设置页、行、列字段和数据项，即可对数据透视表进行修改，以完成不同的数据统计要求。

如把以上"报表筛选"窗格的销售月份字段拖动至"列标签"窗格内，如图2-4-32所示，修改后的数据透视表则变成如图2-4-33所示效果。

项目二 Excel 2010 的高级应用

	A	B
1	销售月份	3月份
3	行标签	求和项:销售金额
4	谢惠琴	1,767,600.00
5	周强	1,345,000.00
6	吴美娴	1,134,000.00
7	温晓敏	799,230.00
8	黄萍	661,600.00
9	吴翠芳	210,000.00
10	总计	5,917,430.00

图2-4-31 设置数据透视表单元格格式

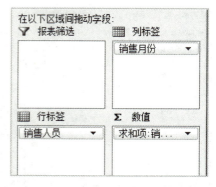

图2-4-32 更改窗格字段

求和项:销售金额	列标签			
行标签	1月份	2月份	3月份	总计
周强	1,847,000.00	1,099,700.00	1,345,000.00	4,291,700.00
谢惠琴	952,400.00	1,076,000.00	1,767,600.00	3,796,000.00
温晓敏	1,038,600.00	1,307,400.00	799,230.00	3,145,230.00
吴美娴	756,000.00	577,000.00	1,134,000.00	2,467,000.00
吴翠芳	925,000.00	1,297,200.00	210,000.00	2,432,200.00
黄萍	459,000.00	1,118,400.00	661,600.00	2,239,000.00
总计	5,978,000.00	6,475,700.00	5,917,430.00	18,371,130.00

图2-4-33 更改字段后的透视表

4．更新数据透视表

如果要更改数据透视表的内容，不可以直接在透视表中更改，而需要对源数据表中的数据进行修改。其操作步骤如下：

（1）在源数据表中对需要修改的数据进行修改；

（2）在数据透视表的数据区域单击鼠标右键，在弹出的快捷菜单中选择"刷新"命令，这时数据透视表中的数据会根据源数据表中数据的变化进行更新。

三、创建数据透视图

数据透视图则以图形的形式表示数据透视表中的数据。下面以"一季度销售情况表"为例，创建数据透视图，显示3月份业绩最好的销售人员。

1．创建数据透视图

（1）打开"一季度销售情况表"工作表，单击表格中的任意单元格，单击"插入"选项卡→"数据透视表"下拉按钮→"数据透视图"命令，打开"创建数据透视表及数据透视图"对话框，在弹出的对话框里选择一个表/区域（默认，如图2-4-34所示），"选择放置数据透视表及数据透视图"的位置为"新工作表"，单击"确定"按钮，则系统会自动新建"图表1"，如图2-4-34和图2-4-35所示。

任务四　编制季度销售情况表

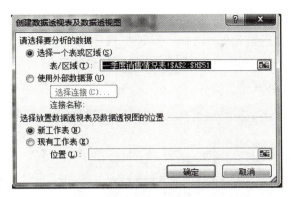

图2-4-34　打开"创建数据透视表及数据透视图"对话框

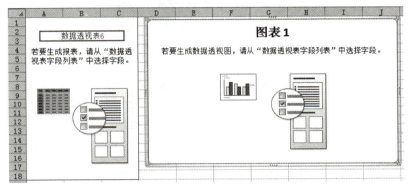

图2-4-35　创建新的数据透视图

（2）在"数据透视表字段列表"窗格中，选择"销售月份""销售人员"和"销售金额"字段，并将其分别拖至"报表筛选""行标签"和"数值"3个区域性窗格中。

（3）选择销售月份为"3月份"，单击透视表中的任一单元格，单击"行标签"右下角的小三角下拉按钮，选择"其他排序选项"→"降序排序"→"求和项：销售金额"选项，这时数据透视图如图2-4-36所示。

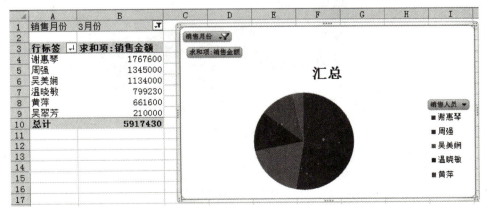

图2-4-36　设置数据透视字段列表

77

2. 美化数据透视图

单击数据透视图的任意区域，选择"设计"选项卡→"更改图表类型"命令，打开"更改图表类型"对话框，选择"柱形图"→"三维堆积柱形图"选项，并在图表布局中选择"布局4"，在图表样式中选择"样式6"，如图2-4-37～图2-4-39所示。

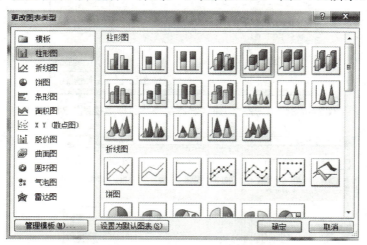

图2-4-37　选择图表布局"布局4"

图2-4-38　选择柱形图"样式6"

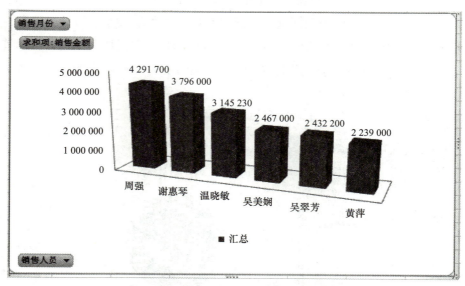

图2-4-39　制作完成的"一季度销售情况透视图"

四、SUBTOTAL 函数

主要功能：在分类汇总中返回列表或数据库中的分类汇总。通常，使用"数据"菜单中的"分类汇总"命令可以容易地创建带有分类汇总的列表。一旦创建了分类汇总，就可以通过编辑SUBTOTAL函数对该列表进行修改。

使用格式：SUBTOTAL(function_num,ref1,ref2,…)

参数说明：第一参数Function_num为1～11（包含隐藏值）或101～111（忽略隐藏值）之间的数字，指定使用何种函数在列表中进行分类汇总计算。第二参数ref1、ref2为要进行分类汇总计算的1～254个区域或引用。

Function_num（包含隐藏值）函数：

① 1 AVERAGE（算术平均值）；

② 2 COUNT（数值个数）；

③ 3 COUNTA（非空单元格数量）；

④ 4 MAX（最大值）；

⑤ 5 MIN（最小值）；

⑥ 6 PRODUCT（括号内所有数据的乘积）；

⑦ 7 STDEV（估算样本的标准偏差）；

⑧ 8 STDEVP（返回整个样本总体的标准偏差）；

⑨ 9 SUM（求和）；

⑩ 10 VAR（计算基于给定样本的方差）；

⑪ 11 VARP（计算基于整个样本总体的方差）。

Function_num（忽略隐藏值）函数：

① 101 AVERAGE数学平均值；

② 102 COUNT数字的个数；

③ 103 COUNTA非空的个数；

④ 104 MAX最大值；

⑤ 105 MIN最小值；

⑥ 106 PRODUCT乘积；

⑦ 107 STDEV标准偏差；

⑧ 108 STDEVP标准偏差；

⑨ 109 SUM求和；

⑩ 110 VAR方差；

⑪ 111 VARP方差。

应用举例：万绿食品公司费用和收入记录表汇总后用SUBTOTAL函数对各部门的"出

额"进行求和和求平均值，如图2-4-40和图2-4-41所示。

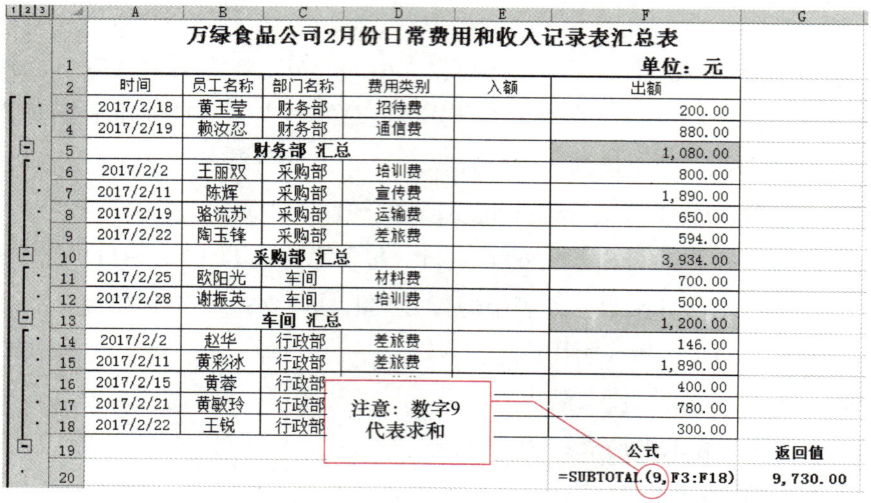

图2-4-40 利用SUBTOTAL函数求和

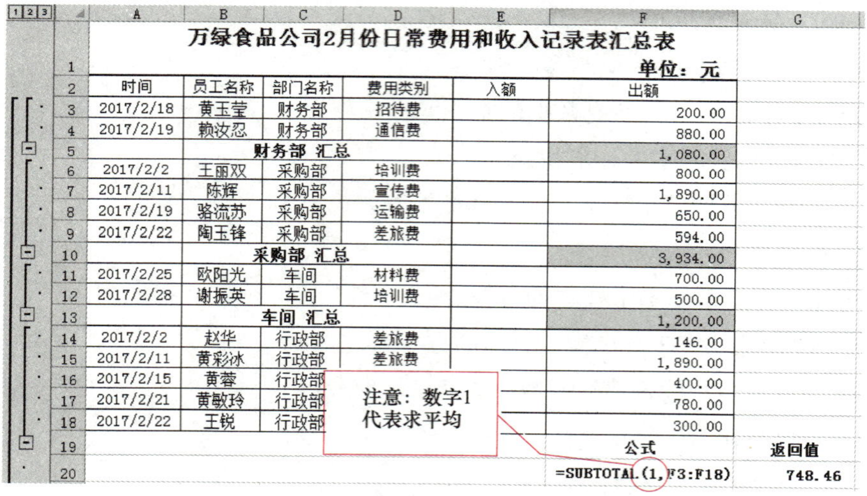

图2-4-41 利用SUBTOTAL函数求平均值

任务巩固

1. 打开"知识训练"工作簿，新建一个工作表，并重命名为"2月份出额汇总图"。打开"我的案例"工作簿→"日常费用和收入记录表"工作表，将该工作表内容全部复制到"2月份出额汇总图"工作表中，并更改标题为"万绿食品公司2月份出额汇总图"，按要求完成以下操作。

（1）选择新建的"2月份出额汇总图"工作表，按照"部门名称"进行排序。

（2）使用"分类汇总"功能，对各个部门的"出额"进行汇总，并对汇总行用紫色底纹标注，总计行用蓝色底纹标注，如图2-4-42所示。

任务四 编制季度销售情况表

	时间	员工名称	部门名称	部门编码	部门负责人	费用类别	类别编码	入额	出额
1				万绿食品公司2月份出额汇总图				单位：元	
2	时间	员工名称	部门名称	部门编码	部门负责人	费用类别	类别编码	入额	出额
3	2017/2/16	刘玲	财务部	2	刘玲	存款利息	1015	8,000.00	
4	2017/2/18	黄玉莹	财务部	2	刘玲	招待费	1007		200.00
5	2017/2/19	崔恩明	财务部	2	刘玲	通信费	1006		880.00
6			财务部 汇总						1,080.00
7	2017/2/2	王丽双	采购部	5	陈辉	培训费	1003		800.00
8	2017/2/11	陈辉	采购部	5	陈辉	宣传费	1001		1,890.00
9	2017/2/19	骆凌苏	采购部	5	陈辉	运输费	1011		650.00
10	2017/2/22	陶玉锋	采购部	5	陈辉	差旅费	1005		594.00
11			采购部 汇总						3,934.00
12	2017/2/25	欧阳光	车间	7	欧阳光	材料费	1010		700.00
13	2017/2/28	谢振英	车间	7	欧阳光	培训费	1003		500.00
14			车间 汇总						1,200.00
15	2017/2/2	赵华	行政部	1	赵华	差旅费	1005		146.00
16	2017/2/11	黄彩冰	行政部	1	赵华	差旅费	1005		1,890.00
17	2017/2/15	黄蓉	行政部	1	赵华	招待费	1007		400.00
18	2017/2/21	黄敏玲	行政部	1	赵华	差旅费	1005		780.00
19	2017/2/22	王锐	行政部	1	赵华	银行手续费	1013		300.00
20			行政部 汇总						3,516.00
21	2017/2/19	陈明	人事部	3	陈明	差旅费	1005		200.00
22	2017/2/19	李旭梅	人事部	3	陈明	通信费	1006		950.00
23	2017/2/22	李美珊	人事部	3	陈明	交通费	1004		600.00
24			人事部 汇总						1,750.00
25	2017/2/19	张宏	市场部	4	张宏	宣传费	1001		3,500.00
26	2017/2/20	刘奕然	市场部	4	张宏	培训费	1003		1,300.00
27			市场部 汇总						4,800.00
28	2017/2/22	周强	销售部	6	周强	其他收入	1014	20,000.00	
29	2017/2/23	温晓敏	销售部	6	周强	租赁费	1012		10,000.00
30	2017/2/24	吴芳芳	销售部	6	周强	水电费	1008		3,000.00
31	2017/2/26	谢惠琴	销售部	6	周强	宣传费	1001		2,000.00
32	2017/2/27	吴美娴	销售部	6	周强	办公费	1002		120.00
33			销售部 汇总						15,120.00
34			总计						31,400.00

图2-4-42 各部门按"出额"进行汇总

（3）根据以上汇总内容，使用"插入"功能，在"2月份出额汇总图"工作表中插入一个柱形图，使其对万绿食品公司2月份出额进行汇总，如图2-4-43所示（用户可根据个人需要更改图表类型及颜色）。

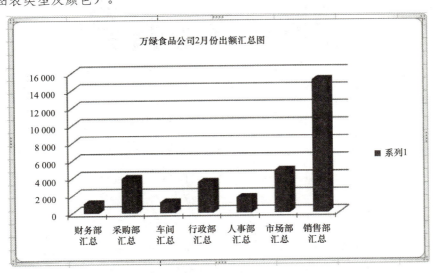

图2-4-43 万绿食品公司2月份出额汇总图

2. 打开"我的案例"工作簿中的"日常费用和收入记录"工作表，按要求完成以下操作。

（1）使用插入数据透视表功能，创建"2月份出额汇总透视表"和"2月份出额汇总透视图"，图例如图2-4-44和图2-4-45所示。

2月份出额汇总透视表

求和项:出额	列标签						
行标签	财务部	采购部	车间	行政部	人事部	市场部	销售部	总计
2017/2/2		800		146				946
2017/2/11		1,890		1,890				3,780
2017/2/15				400				400
2017/2/16								
2017/2/18	200							200
2017/2/19	880	650			1,150	3,500		6,180
2017/2/20						1,300		1,300
2017/2/21				780				780
2017/2/22		594	300	600				1,494
2017/2/23							10,000	10,000
2017/2/24							3,000	3,000
2017/2/25			700					700
2017/2/26							2,000	2,000
2017/2/27							120	120
2017/2/28			500					500
总计	1,080	3,934	1,200	3,516	1,750	4,800	15,120	31,400

图2-4-44 2月份出额汇总透视表

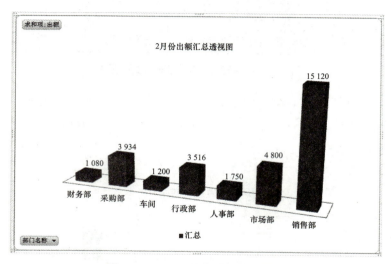

图2-4-45 2月份出额汇总透视图

（2）将新生成的两张工作表重命名为"2月份出额汇总透视表"和"2月份出额汇总透视图"，并设置纸张大小为A4，横向打印，根据打印预览，自行调节最佳的页边距，完成后单击"保存"按钮。

（3）讨论：对比两种创建图表的方法，它们之间有何异同？

3. 打开"一季度销售情况表"工作表，使用插入"数据透视图"功能完成以下要求：

（1）用图例显示哪种产品销售最佳。（按销售数量计）

（2）用图例显示哪个部门盈利最多。（按销售毛利计，销售毛利计＝销售金额－销售成本）

（3）显示各个月各个部门的销售业绩。（按销售金额计）

（4）显示三个月来哪个销售人员的业绩最好。（找出销售状元）

（5）要求以上四个图例统一放在一个工作表内，并将工作表重命名为"一季度销售情况透视图"，完成后单击"保存"按钮。

任务四 编制季度销售情况表

成果展示及评价

每位同学就任务的完成情况作个人学习总结。然后以小组为单位，可选择Excel电子表格、纸质文稿、演示文稿、展板或海报等形式进行展示，并推荐一名同学汇报学习成果。

1. 个人学习总结

完成情况：_____
_____
_____

遇到困难：_____
_____
_____

解决方法：_____
_____
_____

存在问题：_____
_____
_____

2. 学习任务评价表

学习任务评价表

班级：　　　　　　　　　组别：　　　　　　　　　姓名：

评价项目	项目内容及评分标准	分值	自我评价（20%）	小组评价（30%）	教师评价（50%）
职业素养	1. 能积极主动完成并上交老师布置的任务	20			
	2. 能与小组成员协作，有较强的团队意识	10			
	3. 任务实施过程是否安全、文明	10			
	4. 总结简明扼要、重点突出、思路清晰	10			
专业能力	1. 能按要求在规定时间内完成所有任务	10			
	2. 能使用数据透视图功能显示各种数据的透视	30			
	3. 表格打印（或预览）美观大方	10			
创新能力	学习过程中提出具有创新性、可行性的建议	小计			
	创新加分　　　汇报加分　　　团队加分	综合得分			
教师评语	指导教师签名：　　　　　　　　　　　　　　年　月　日				

项目三 Excel 在会计账务处理中的应用

项目描述

通过前面的认真学习,小崔已经把一个公司日常所需要的表格都编制好了,接下来便要对公司发生的日常经济业务进行账务处理。会计账务处理过程是:根据审核无误的原始凭证填制记账凭证(填制记账凭证表),然后根据审核无误的记账凭证登记总分类账和明细分类,最后根据各类账簿编制会计报表。小崔在前面的学习中对会计基本处理和Excel基本应用掌握得比较扎实,对做好公司各项业务的账务处理充满信心。

项目目标

1. 知识目标

(1)熟练使用借贷记账法进行账务处理;
(2)能熟练使用数据透视表自动生成科目汇总表;
(3)能熟练使用VLOOKUP函数自动生成一级科目名称;
(4)熟练使用排序、筛选等功能快速登记各类账簿;
(5)使用公式生成会计报表。

2. 技能目标

(1)会制作会计凭证表;
(2)会编制科目汇总表;
(3)会编制各类账簿;
(4)会编制资产负债表;
(5)会编制利润表。

3. 情感目标

(1)通过任务教学激发学生的学习兴趣和工作热情,并引导他们逐渐将兴趣转化为学

项目三 Excel 在会计账务处理中的应用

习动机，树立自信心；

（2）培养学生会计思维方式、认真的学习态度、严谨细致的工作作风及团队合作意识。

任务一　制作记账凭证表

任务描述

记账凭证是会计人员根据审核无误的原始凭证，按照经济业务事项的内容加以归类，并据以确定会计分录后所填制的会计凭证，是登记账簿的直接依据。采用Excel进行账务处理，制作完整的会计凭证表既可以快速查阅总账和分类账，也为科目汇总表和会计报表的制作提供了很大的便利。

小崔爸爸的公司以前都采用手工做账，这个月开始想把6月份的所有记账凭证都使用Excel表格进行统一登记和管理，小崔想帮爸爸一把，那么，该如何快速准确地制作记账凭证总表呢，小崔第一次制作该类专业表格，大显身手的时候到了。

任务目标

1．能熟练使用"数据有效性"功能对年、月、日等基本信息进行输入；
2．会将小写金额转换成大写金额；
3．熟练掌握VLOOKUP函数的运用；
4．能使用借贷记账法填制会计凭证表；
5．能熟练使用格式刷工具快速将整张记账凭证表设置成一张行间色彩分明的工作表。

任务实施

一、规划表格样式

制作记账凭证表前需对表格进行整体规划，确定表格项目及行数、列数等信息，再逐一进行格式设置，制作出行间色彩分明的工作表，图3-1-1所示为制作完成的记账凭证表。

任务一 制作记账凭证表

万绿食品公司记账凭证总表

年	月	日	字	凭证编号	摘要	科目代码	一级科目名称	明细科目名称	借方金额	贷方金额	制单人	审核人	附件张数
2017	06	02	记	001	借入短期借款	1002	银行存款		80,000.00		黄玉莹	刘玲	
2017	06	02	记	001	借入短期借款	2001	短期借款			80,000.00	黄玉莹	刘玲	
2017	06	03	记	002	收到投资	1601	固定资产		15,000.00		黄玉莹	刘玲	
2017	06	03	记	002	收到投资	4001	实收资本			15,000.00	黄玉莹	刘玲	
2017	06	03	记	003	提现	1001	库存现金		1,000.00		黄玉莹	刘玲	
2017	06	03	记	003	提现	1002	银行存款			1,000.00	黄玉莹	刘玲	
2017	06	05	记	004	购入材料，款未付	1400	原材料	甲材料	20,000.00		黄玉莹	刘玲	
2017	06	05	记	004	购入材料，款未付	2221	应交税费	应交增值税（进项税额）	3,400.00		黄玉莹	刘玲	
2017	06	05	记	004	购入材料，款未付	2202	应付账款	大洪公司		23,400.00	黄玉莹	刘玲	
2017	06	08	记	005	预支差旅费	1221	其他应收款	刘力	800.00		黄玉莹	刘玲	
2017	06	08	记	005	预支差旅费	1001	库存现金			800.00	黄玉莹	刘玲	
2017	06	10	记	006	收回前欠货款	1002	银行存款		8,000.00		黄玉莹	刘玲	
2017	06	10	记	006	收回前欠货款	1122	应收账款	宏达公司		8,000.00	黄玉莹	刘玲	
2017	06	12	记	007	报销差旅费	6602	管理费用	差旅费	680.00		黄玉莹	刘玲	
2017	06	12	记	007	报销差旅费	1001	库存现金		120.00		黄玉莹	刘玲	
2017	06	12	记	007	报销差旅费	1221	其他应收款	刘力		800.00	黄玉莹	刘玲	
2017	06	12	记	008	销售产品，款已收	1002	银行存款		58,500.00		黄玉莹	刘玲	
2017	06	12	记	008	销售产品，款已收	6001	主营业务收入			50,000.00	黄玉莹	刘玲	
2017	06	12	记	008	销售产品，款已收	2221	应交税费	应交增值税（销项税额）		8,500.00	黄玉莹	刘玲	
2017	06	16	记	009	购买办公用品	6602	管理费用	办公费	200.00		黄玉莹	刘玲	
2017	06	16	记	009	购买办公用品	1001	库存现金			200.00	黄玉莹	刘玲	

图3-1-1 记账凭证表样式（部分）

二、设置表格

1. 新增工作表及表格的基本设置

（1）打开"我的案例"工作簿，插入一张新工作表，并重命名为"记账凭证总表"。

（2）在第1行输入标题"万绿食品公司记账凭证总表"。选择A2：N67单元格区域，加网格线。选择A3：C67单元格区域，设置单元格格式为"文本"。

2. 使用"数据有效性"功能输入年、月、日及常用摘要等信息

（1）选择A3：A67区域，单击"数据"功能选项卡，在功能区中选择"数据有效性"，在下拉列表中选择"数据有效性"选项卡，在弹出的"数据有效性"对话框中设置"允许"为"序列"，在"来源"信息框中输入"2017，2018"，在出错警告的错误信息框中输入"信息无效，请选择输入正确信息！"，完成后单击"确定"按钮，如图3-1-2所示。

（2）这时在A3单元格的右下角便出现一个小三角

图3-1-2 数据有效性设置条件（年份）

下拉箭头，单击该箭头便可以选择输入2017年。用同样方法对月、日进行数据有效性设置并选择输入正确的数据信息。有效性条件设置如图3-1-3和图3-1-4所示。

图3-1-3　数据有效性设置条件（月份）　　　　图3-1-4　数据有效性设置条件（日）

3. 定义名称

（1）打开"公司基本信息表"工作表，单击"公式"功能选项，弹出的"新建名称"对话框，在名称框中输入"常用摘要"，范围为"工作簿"，引用位置为"=公司基本信息表!$A$3:$A$24"，完成后单击"确定"按钮，如图3-1-5所示。

（2）选择F3:F67区域，单击"数据"功能选项卡，在功能区中选择"数据有效性"选项，在"来源"信息框中输入"=公司基本信息表!$A$3:$A$24"，如图3-1-6所示，这样便可以引用刚才定义的常用摘要。单击小三角下拉箭头，选择输入需用的常用摘要（经济业务见下），如图3-1-6所示。

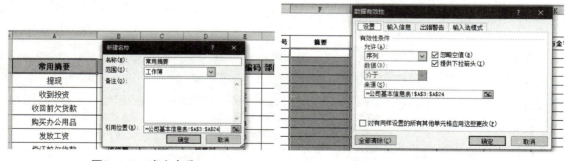

图3-1-5　定义名称　　　　　　　　　图3-1-6　设置数据有效性

4. 使用VLOOKUP函数完成一级科目名称的输入

（1）打开"会计科目表"工作表，用上面的方法为"会计科目表"工作表中的"一级科目名称"定义一个名称，引用位置为"=会计科目表!$B$2:$C$56"（先将所有科目代码和科目名称放在同一列显示），完成后单击"确定"按钮。

（2）选择H3单元格，在该单元格中输入公式："=VLOOKUP(G3,会计科目表!$B$2:$C$56,2,0)"，这样在G3单元格输入科目代码"1002"时，H3单元格便自动生成一级科目"银行存款"，如图3-1-7所示。使用自动填充柄功能完成H4:H67单元格公式的输入（具体经济业务见下）。

图3-1-7 使用VLOOKUP函数生成一级科目名称

（3）按要求完成明细科目、借贷方金额等其他数据的输入。

5. 格式化表格

（1）设置F、H、J、k列列宽为14，其他列列宽为7。

（2）设置第一行行高为25，第二行行高为20，其他行高为14，字体为：宋体，10号。

（3）设置凭证编号为单号的所有单元格底纹为淡紫色，淡色为80%。

6. 页面设置

（1）设置纸张大小为A4，横向打印。

（2）上、下页边距设为0.5，左、右设为1.8，居中方式为水平和垂直居中。

7. 保存工作簿

表格制作完成后，单击"保存"按钮。

三、万绿食品有限公司2017年6月份发生的经济业务

（1）2日，从银行借入短期借款80 000元。

（2）3日，接受投资者投入不需要安装的设备一台，价值15 000元，当即投入使用。

（3）3日，提取现金1 000元备用。

（4）5日，向大洪公司购入甲材料一批，买价20 000元，进项税额3 400元，材料已验收入库，款项未付。

（5）8日，采购员刘力预借差旅费800元，当即以现金支付。

（6）10日，收到宏达公司前欠货款8 000元。

（7）12日，采购员刘力报销差旅费680元，余款120元以现金退回。

（8）12日，销售给宏达公司产品一批，售价50 000元，销项税额8 500元，款项已收存银行。

（9）16日，办公室用现金购买办公用品200元。

（10）18日，以银行存款支付广告费用1 000元。

（11）20日，支付前欠大洪公司货款23 400元。

（12）25日，从银行提取现金50 000元备发工资。

（13）25日，用现金50 000元发放工资。

（14）30日，结转已销产品的成本30 000元。

（15）30日，生产产品领用甲材料50 000元，厂部领用甲材料800元。

（16）30日，以银行存款支付厂部设施修理费用3 000元。

（17）30日，收回宏达公司前欠货款50 000元。

（18）30日，以银行存款50 000元捐给希望工程。

（19）30日，计提本月固定资产折旧。其中，车间50 000元，厂部30 000元。

（20）30日，结转本月应付职工工资50 000元。其中，生产工人工资30 000元，车间管理人员工资5 000元，厂部管理人员工资15 000元。

（21）30日，销售给万科公司产品一批，售价100 000元，销项税额17 000元，款项尚未收回。

（22）30日，结转本月制造费用。

（23）30日，结转当期损益。

（24）30日，计算并结转所得税。

（25）30日，结转本年利润。

知识储备及拓展

一、大、小写金额转换

小写金额转换成大写金额，利用TEXT函数嵌套[dbnum2]，即可完成大、小写金额的转换。具体操作方法如图3-1-8所示。

	A	B	C
1	数据	公式	结果
2	780	=TEXT(A2,"[dbnum2]")&"元整"	柒佰捌拾元整
3	395.68	=TEXT(A3,"[dbnum2]")&"元整"	叁佰玖拾伍.陆拐元整

图3-1-8 大小写金额转换

二、选取记账凭证号

记账凭证号反映的是经济业务的编号，可通过数值调节按钮自动产生，其操作方法如下：

（1）在Excel选项对话框中，执行"自定义"→"数值调节钮（窗体控件）"→"添加"命令，将控件添加到"快速访问工具栏"，如图3-1-9所示。

任务一　制作记账凭证表

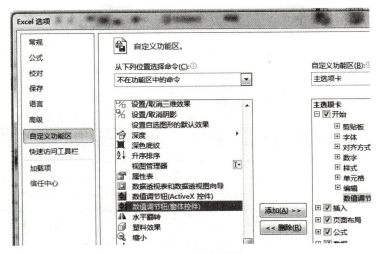

图3-1-9　添加控件

（2）这样在快速访问工具栏中便出现"数值调节钮（窗体控件）"按钮，如图3-1-10所示。单击"数值调节"按钮，这时光标变成"＋"号，在工作表任意位置单击，便可出现"数值调节"按钮，然后将按钮拖动到指定的单元格，并调整到适当的大小，如图3-1-10所示。

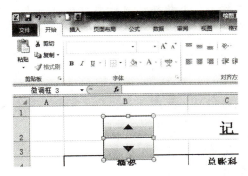 

图3-1-10　利用控件取凭证号

（3）在"控制"选项卡下，设置当前值为1，最小值为0，最大值为30 000，步长为1，单元格链接为$F$3，单击"确定"按钮，如图3-1-11所示。最后单击按钮上的小三角形，在C4单元格中将出现相应的数字，上方按钮表示增加，下方按钮表示减少。

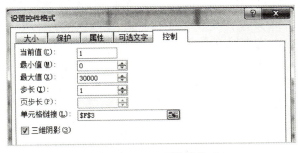

图3-1-11　设置控件格式

91

项目三 Excel 在会计账务处理中的应用

任务巩固

按图3-1-12所示要求制作"记账凭证"表（为了实现与手工会计的衔接，需要将输入的凭证以手工凭证的样式打印出来，因此也要学会单张记账凭证的制作和填制）。

记 账 凭 证

___年___月___日   凭证号：1

摘要	总账科目代码	总账科目	明细科目	借方金额	贷方金额	√
						附
						件
						张
合计						

会计主管：   记账：   出纳：   审核：   制单：

图3-1-12 记账凭证

要求：

（1）打开"知识训练"工作簿，新建一张工作表，并将新的工作表重命名为"单张通用记账凭证.xlsx"。

（2）在表中按样式要求确定"记账凭证"表格的行数和列数并添加网格线，输入标题。

（3）假设发生如下一笔经济业务：2017年12月12日，行政部赵华出差回来，报销差旅费800元，原预支1 000元，多余现金已交还到出纳处，附件3张，凭证号数为6。

（4）使用"数值调节按钮"功能自动选取记账凭证号（操作步骤见上）。

（5）根据以上业务填好日期、摘要和科目代码。

（6）使用VLOOKUP函数生成总账科目名称（数据源为"我的案例"工作簿中的"会计科目表"工作表）。

（7）填入明细科目，借、贷方金额和附件张数，空白处用斜线注销。

（8）使用SUM函数求出借、贷方合计数，并将合计处的金额格式设置为会计专用，保留2位小数，有人民币符号。

（9）在制单处签名，完成后单击"保存"按钮。

任务一　制作记账凭证表

成果展示及评价

每位同学就任务的完成情况作个人学习总结。然后以小组为单位，可选择Excel电子表格、纸质文稿、演示文稿、展板或海报等形式进行展示，并推荐一名同学汇报学习成果。

1. 个人学习总结

完成情况：_____

_____

遇到困难：_____

_____

解决方法：_____

_____

存在问题：_____

_____

2. 学习任务评价表

学习任务评价表

班级：　　　　　　　　　　　　组别：　　　　　　　　　　　　姓名：

评价项目	项目内容及评分标准	分值	自我评价（20%）	小组评价（30%）	教师评价（50%）
职业素养	1. 能积极主动完成并上交老师布置的任务	20			
	2. 能与小组成员协作，有较强的团队意识	10			
	3. 任务实施过程是否安全、文明	10			
	4. 总结简明扼要、重点突出、思路清晰	10			
专业能力	1. 能按要求在规定时间内完成所有任务	10			
	2. 能熟练使用VLOOKUP函数生成一级科目	30			
	3. 表格打印（或预览）美观大方	10			
创新能力	学习过程中提出具有创新性、可行性的建议	小计			
	创新加分　　汇报加分　　团队加分	综合得分			
教师评语	指导教师签名：　　　　　　　　　　　　　　　　　　　　　年　月　日				

任务二　编制科目汇总表

🌑 任务描述

小崔费了很大工夫把本月的记账凭证都填制好了，但是凭证内容都填正确了吗？有没有办法核对一下信息的正确性呢？小崔想起了以前老师教他填的科目汇总表能帮忙解决这一难题。科目汇总表是根据一定时期内的全部记账凭证按总账科目进行汇总，据以计算出每一总账科目的本期借方发生额和贷方发生额，如果借方发生额合计数等于贷方发生额合计数，说明本期账务基本是正确的。那么，在Excel表格中如何能准确、快速地编制好科目汇总表呢？

🌑 任务目标

1. 能熟练使用插入"数据透视表"功能快速生成"科目汇总表"；
2. 能按照会计科目表的顺序对科目汇总表的内容进行排序；
3. 能熟练对科目汇总表进行排版打印。

任务实施

一、规划表格样式

科目汇总表是根据一定时期内的全部记账凭证按总账科目进行汇总，据以计算出每一总账科目的本期借方发生额和贷方发生额，如果借方发生额合计数等于贷方发生额合计数，说明本期账务基本是正确的。在制作表格前首先需对表格进行整体规划。图3-2-1所示为制作完成的万绿食品公司六月份的科目汇总表。

二、设置表格

（1）打开"我的案例"→"万绿食品公司记账凭证表"工作表，单击"插入"功能选项，在功能区中选择"数据透视表"按钮，打开"创建数据透视表"对话框，具体设置如图3-2-2所示。

科目汇总表
2017年06月01日至30日

行标签	求和项:借方金额	求和项:贷方金额
银行存款	196,500.00	128,400.00
实收资本		15,000.00
库存现金	51,120.00	51,000.00
应收账款	117,000.00	58,000.00
管理费用	49,680.00	49,680.00
应付职工薪酬	50,000.00	50,000.00
应付账款	23,400.00	23,400.00
销售费用	1,000.00	1,000.00
短期借款		80,000.00
制造费用	55,000.00	55,000.00
累计折旧		80,000.00
固定资产	15,000.00	
原材料	20,000.00	50,800.00
应交税费	3,400.00	30,330.00
其他应收款	800.00	800.00
主营业务收入	150,000.00	150,000.00
主营业务成本	30,000.00	30,000.00
库存商品		30,000.00
生产成本	135,000.00	
营业外支出	50,000.00	50,000.00
本年利润	150,000.00	150,000.00
所得税费用	4,830.00	4,830.00
利润分配		14,490.00
总计	¥ 1,102,730.00	¥ 1,102,730.00

图3-2-1 科目汇总表样式

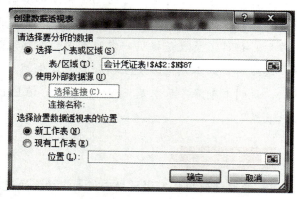

图3-2-2 创建数据透视表

（2）这时系统在新的工作表中自动插入一张"数据透视表1"，如图3-2-3所示。

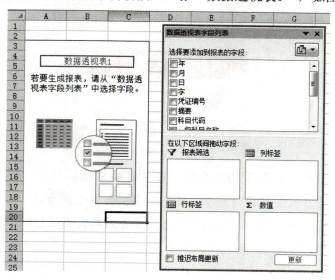

图3-2-3 插入新的数据透视表

（3）在"数据透视表字段列表"中选择要添加到报表的字段，分别在"报表筛选"框中拖入年和月字段，"行标签"中拖入"一级科目名称"字段，"数值"框中拖入"借方金额"和"贷方金额"，"列标签"自动生成，如图3-2-4所示。

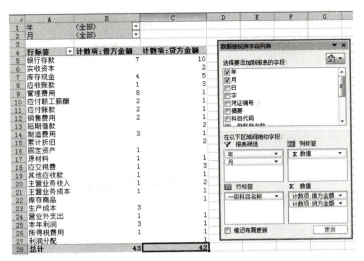

图3-2-4 添加字段标签

（4）这时数据透视表将出现如图3-2-5所示的数据，在左上角选择2017年6月，右键单击B4单元格"计数项：借方金额"→"值汇总依据"→"求和"选项，用同样的方法将贷方金额的计数项改成求和项，这样科目汇总的过程大概就完成了，并且借方发生额合计数等于贷方发生额合计数，如图3-2-5和图3-2-6所示。

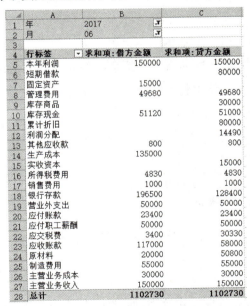

图3-2-5 借、贷方金额合计

图3-2-6 将计数项改成求和项

（5）添加标题。

合并A3：C3单元格，在合并单元格中输入标题"科目汇总表2016年06月01日至30日"。

（6）单元格设置。

①设置标题的字体、字号为：16号，宋体，其中日期的字号：12，设置行高：40；

②选择A4:C28单元格，添加网格线，居中对齐，12号，宋体，设置行高：25，列宽：20。

（7）页面设置。

①设置页面方向为：纵向，纸张大小：A4；

②页边距为默认设置，水平居中。

（8）将该工作表重命名为"科目汇总表"，完成后单击"保存"按钮。

知识储备及拓展

一、TEXT 函数

主要功能：将数值转换为按指定数字格式表示的文本。

使用格式：TEXT(value,format_text)

参数说明：value为数值、计算结果为数字值的公式，或对包含数字值的单元格的引用。format_text为"单元格格式"对话框中"数字"选项卡上"分类"框中的文本形式的数字格式。

注意：format_text不能包含星号（*）。通过"格式"菜单调用"单元格"命令，然后在"数字"选项卡上设置单元格的格式，只能更改单元格的格式而不会影响其中的数值；使用函数TEXT可以将数值转换为带格式的文本，而其结果将不再作为数字参与计算。

应用举例：用TEXT函数导出另一种结果，如图3-2-7所示。

	A	B	C
1	原值	公式	结果
2	0.5	=TEXT(A2,"0%")	50%
3	22:30	=TEXT(A3,"hh:mm:ss")	22:30:00

图3-2-7　TEXT函数应用举例

二、RIGHT 函数

主要功能：从一个文本字符的最后一个字符开始返回指定个数的字符。

使用格式：RIGHT(text,[num_chars])

参数说明：text，必需参数，包含要提取字符的文本字符串。num_chars，是可选参数，指定要由RIGHT函数提取的字符数量。

注意：第二参数num_chars 必须大于或等于零，如果num_chars 大于文本长度，则RIGHT 返回所有文本。如果省略第二参数，则假设其值为1。

应用举例：在A1单元格中输入"销售成本56789"，用RIGHT函数显示不同的结果，如图3-2-8所示。

	A	B
1	销售成本56789	
2	公式	结果
3	=RIGHT(A1,5)	56789
4	=RIGHT(A1,1)	9
5	=RIGHT(A1,9)	销售成本56789
6	=RIGHT(A1,-1)	#VALUE!

图3-2-8 RIGHT函数应用举例

三、LEFT 函数

主要功能：从一个文本字符的第一个字符开始返回指定个数的字符。其使用格式及操作方法与RIGHT函数的类似。

应用举例：在A1单元格中输入"销售成本56789"，用LEFT函数显示不同的结果，如图3-2-9所示。

	A	B
1	销售成本56789	
2	公式	结果
3	=LEFT(A1,5)	销售成本5
4	=LEFT(A1,1)	销
5	=LEFT(A1,9)	销售成本56789
6	=LEFT(A1,-1)	#VALUE!

图3-2-9 LEFT函数应用举例

四、COUNT 函数

主要功能：计算参数列表中的数字项的个数。

使用格式：COUNT(valuel,value2,…)

参数说明：value1，value2，…是包含或引用各种类型数据的参数（1～30个），但只有数字类型的数据才被计数。

应用举例：使用COUNT函数计算B列所有单元格的个数，如图3-2-10所示。

	A	B	C	D	E
1	日期	收入			
2	2017.10.8	146.00			
3	2017.10.9				
4	2017.10.10	800.00			
5	2017.10.11	1,890.00			
6	2017.10.12	1,890.00			
7	2017.10.13	400.00		公式	结果
8	2017.10.14			=COUNT(B2:B14)	10
9	2017.10.15	#DIV/0!		=COUNT(B1:B14)	10
10	2017.10.16	880.00			
11	2017.10.17	200.00			
12	2017.10.18	650.00			
13	2017.10.19	950.00			
14	2017.10.20	3,500.00			

图3-2-10 COUNT函数应用举例

> **小知识**
>
> COUNT函数只能对非空并且数值型的数字进行计算，错误值、空值、逻辑值、日期和文字则无法进行计算。

五、COUNTA 函数

主要功能：返回参数列表中非空值的单元格个数，利用函数 COUNTA 可以计算单元格区域或数组中包含数据的单元格个数。

使用格式：COUNTA(value1,value2,…)

参数说明：value1，value2，…为所要计算的值，参数个数为1～30。在这种情况下，参数值可以是任何类型，它们可以包括空字符（""），但不包括空白单元格。如果参数是数组或单元格引用，则数组或引用中的空白单元格将被忽略。

应用举例：使用COUNT函数计算B列所有单元格的个数，如图3-2-11所示。

	A	B	C	D	E
1	日期	收入			
2	2017.10.8	146.00			
3	2017.10.9				
4	2017.10.10	800.00			
5	2017.10.11	1,890.00			
6	2017.10.12	1,890.00			
7	2017.10.13	400.00		公式	结果
8	2017.10.14			=COUNTA(B2:B14)	11
9	2017.10.15	#DIV/0!		=COUNTA(B1:B14)	12
10	2017.10.16	880.00			
11	2017.10.17	200.00			
12	2017.10.18	650.00			
13	2017.10.19	950.00			
14	2017.10.20	3,500.00			

图3-2-11　COUNTA函数应用举例

> **小知识**
>
> COUNTA函数不仅能对非空数值型的数字进行计算，还可以对非空逻辑值、错误值、日期和文字进行计算，它只对空值无法进行计算。

六、COUNTIF 函数

主要功能：返回区域中满足给定条件的单元格的个数。

使用格式：COUNTIF(range,criteria)

参数说明：range计算其中非空单元格数目的区域。criteria以数字、表达式或文本形式定义的条件。

应用举例：

（1）返回包含值10的单元格数量

=COUNTIF(DATA,10)

（2）返回包含负值的单元格数量

=COUNTIF(DATA,"<0")

（3）返回不等于0的单元格数量

=COUNTIF(DATA,"<>0")

（4）返回大于60的单元格数量

=COUNTIF(DATA,">60")

（5）返回等于单元格A1中内容的单元格数量

=COUNTIF(DATA,A1)

（6）返回大于单元格A1中内容的单元格数量

=COUNTIF(DATA,">"&A1)

（7）返回包含文本内容的单元格数量

=COUNTIF(DATA,"*")

（8）返回包含三个字符内容的单元格数量

=COUNTIF(DATA,"???")

（9）返回包含单词"YES"（不分大小写）内容的单元格数量

=COUNTIF(DATA,"YES")

（10）返回在文本中任何位置包含单词"YES"字符内容的单元格数量

=COUNTIF(DATA,"*YES*")

（11）返回包含以单词"ABC"（不分大小写）开头内容的单元格数量

=COUNTIF(DATA,"ABC*")

（12）返回包含以单词"ABC"（不分大小写）结尾内容的单元格数量

=COUNTIF(DATA,"*ABC")

（13）返回包含当前日期的单元格数量

=COUNTIF(DATA,TODAY())

（14）返回大于平均值的单元格数量

=COUNTIF(DATA,">"&AVERAGE(DATA,))

（15）返回平均值超过三个标准误差的值的单元格数量

=COUNTIF(DATA,">"&AVERAGE(DATA,)+STDEV(DATA,)*3)

（16）返回包含值5或－5的单元格数量

＝COUNTIF(DATA,5)＋COUNIF(DATA,－5)

（17）返回逻辑值为TRUE的单元格数量

＝COUNTIF(DATA,TRUE)

（18）统计区域中不为空的单元格个数（数值、文本、空格都算）

＝Countif(DATA,"<>")

（19）只统计文本单元格数量，不统计数值和空格

＝COUNTIF(DATA,"><")

假设某班的基础会计成绩登记表如图3-2-12所示，使用COUNTIF函数计算各分数段的学生个数。

	A	B	C	D	E	F
1	序号	基础会计				
2	1	97				
3	2	88		90分以上		人
4	3	90		80－89分以上		人
5	4	94		70－79分以上		人
6	5	93		60－69分以上		人
7	6	89		不合格		人
8	7	86				
9	8	79				
10	9	68				
11	10	59				
12	11	88				
13	12	77				
14	13	68				
15	14	92				
16	15	90				
17	16	88				
18	17	90				
19	18	80				
20	19	80				
21	20	75				

图3-2-12 某班基础会计成绩登记表

（1）选择E3单元格，输入公式“＝COUNTIF(B2：B21,">＝90")”，按Enter键，即可计算出成绩大于90分的学生个数。

（2）选择E4单元格，输入公式“＝COUNTIF(B2：B21,">＝80")－COUNTIF(B2：B21,">89")”，按Enter键，即可计算出成绩在80～89分段的学生个数。

（3）选择E5单元格，输入公式“＝COUNTIF(B2：B21,">＝70")－COUNTIF(B2：B21,">79")”，按Enter键，即可计算出成绩在70～79分段的学生个数。

（4）选择E6单元格，输入公式“＝COUNTIF(B2：B21,">＝60")－COUNTIF(B2：B21,">69")”，按Enter键，即可计算出成绩在60～69分段的学生个数。

（5）选择E7单元格，输入公式“＝COUNTIF(B2：B21,"<60")”，按Enter键，即可计算出成绩不及格的学生个数，完成效果如图3-2-13所示。

E3 =COUNTIF(B2:B21,">=80")-COUNTIF(B2:B21,">89")

	A	B	C	D	E	F
1	序号	基础会计				
2	1	97		90分以上	7	人
3	2	88		80—89分以上	7	人
4	3	90		70—79分以上	3	人
5	4	94		60—69分以上	2	人
6	5	93		不合格	1	人

图3-2-13 计算结果

小 提 示

如果成绩分数有小数点，如有一个学生成绩是89.5分，则80分段的函数公式需要改成“＝COUNTIF(B2：B21,">＝80")－COUNTIF(B2：B21,">89.9")。

任务巩固

1. 资料

万绿食品公司六月份的科目汇总表已经制作完成,但该表只能显示本期发生额的合计情况,期初余额和期末余额的合计情况并不能体现,为方便检查各账户记录有无错误和各总分类账户的借贷余额是否平衡,需编制万绿食品公司六月份的试算平衡表,如图3-2-14所示。

	A	B	C	D	E	F	G
1			万绿食品有限公司科目余额表 2017年6月31日				
2	科目名称	期初余额		本期发生额		期末余额	
3		借方	贷方	借方	贷方	借方	贷方
4	库存现金	1,820					
5	银行存款	308,000					
6	应收账款	95,000					
7	其他应收款	—					
8	原材料	50,800					
9	库存商品	30,000					
10	固定资产	1,804,380					
11	累计折旧		560,000				
12	短期借款		150,000				
13	应付账款		30,000				
14	应付职工薪酬		100,000				
15	应交税费		—				
16	实收资本		1,500,000				
17	本年利润	—					
18	利润分配						
19	生产成本	50,000					
20	制造费用	—					
21	主营业务收入	—					
22	主营业务成本	—					
23	销售费用	—					
24	管理费用	—					
25	营业外支出						
26	所得税费用						
27	合计	¥2,340,000	¥2,340,000				

图3-2-14 万绿食品有限公司科目余额表

要求:

(1)打开"我的案例"工作簿,新建一张工作表,并把工作表名称重命名为"科目余额表",按照样式要求确定表格的行数和列数并添加网格线,输入标题及日期。

(2)从"科目汇总表"工作表中导入六月份相关的会计科目,并按照给出的金额填写期初余额,然后从"科目汇总表"工作表中导入万绿食品六月份的本期发生额,最后用公式求出所有科目的期末余额。

(3)设置适当的行高、列宽、字体、字号、页边距等,设计一张美观的科目余额表。

(4)表格制作完成后,单击"保存"按钮。

2．用函数完成以下要求

（1）打开"费用和收入记录表"，在I28单元格中用COUNTA函数求"出额"列的个数。

（2）打开"费用和收入记录表"，在I29单元格中用SUBTOTAL函数求"出额"列的个数，并区别以上两个函数的异同。

3．思考并讨论

使用插入"数据透视表"的功能可以方便、快捷、准确地生成"科目汇总表"，但会计科目名称排列杂乱，请结合以前和现在所学知识，使科目汇总表的会计科目名称能按照资产、负债、所有者权益、成本、损益类的顺序排列（即按照"会计科目表"的顺序进行排列）。

任务二　编制科目汇总表

成果展示及评价

每位同学就任务的完成情况作个人学习总结。然后以小组为单位，可选择Excel电子表格、纸质文稿、演示文稿、展板或海报等形式进行展示，并推荐一名同学汇报学习成果。

1. 个人学习总结

完成情况：_____
_____
_____

遇到困难：_____
_____
_____

解决方法：_____
_____
_____

存在问题：_____
_____
_____

2. 学习任务评价表

学习任务评价表

班级：　　　　　　　　组别：　　　　　　　　姓名：

评价项目	项目内容及评分标准	分值	自我评价（20%）	小组评价（30%）	教师评价（50%）
职业素养	1. 能积极主动完成并上交老师布置的任务	20			
	2. 能与小组成员协作，有较强的团队意识	10			
	3. 任务实施过程是否安全、文明	10			
	4. 总结简明扼要、重点突出、思路清晰	10			
专业能力	1. 能按要求在规定时间内完成所有任务	10			
	2. 能使用数据透视表功能生成"科目汇总表"	30			
	3. 表格打印（或预览）美观大方	10			
创新能力	学习过程中提出具有创新性、可行性的建议	小计			
	创新加分　　　汇报加分　　　团队加分	综合得分			
教师评语					
	指导教师签名：			年　月　日	

任务三 编制会计账簿

任务描述

小崔通过编制科目汇总表和试算平衡表确定了每一笔经济业务的正确性,但是,会计凭证和试算平衡表只能显示单笔经济业务和各个科目的余额情况,如果想要显示每一笔经济业务的情况及具体的账务信息,只有在账簿中才能体现,那么,如何使用Excel表格准确、快速地编制好各类账簿呢?

任务目标

1. 能建账和登记期初余额;
2. 熟练登记各类日记账、总账和明细账。
3. 会制作并登记"银行存款日记账""应付账款总账"及"应付账款明细账"。

任务实施

一、规划表格样式

河源万绿食品公司6月份的记账凭证已填制完毕,并通过制作科目余额表进行试算平衡,请根据公司6月份的记账凭证及相关资料编制并登记"银行存款日记账""应付账款总账"及"应付账款明细账",如图3-3-1~图3-3-3所示。

银行存款日记账

| 2017年 | | 凭证 | | 对方科目 | 摘要 | 借方金额 | 贷方金额 | 余额 |
月	日	字	号					
06	1				期初余额			308,000.00
06	02	记	001	短期借款	借入短期借款	80000		388,000.00
06	03	记	003	库存现金	提现		1000	387,000.00
06	10	记	006	应收账款	收回前欠货款	8000		395,000.00
06	12	记	008	主营业务收入等	销售产品,款已收	58500		453,500.00
06	18	记	010	销售费用	支付广告费		1000	452,500.00
06	20	记	011	应付账款	偿还前欠货款		23400	429,100.00
06	25	记	012	库存现金	提现		50000	379,100.00
06	30	记	016	制造费用	支付设施修理费		3000	376,100.00
06	30	记	017	应收账款	收回前欠货款	50000		426,100.00
06	30	记	018	营业外支出	对外捐赠		50,000.00	376,100.00
06	30				本月合计	196,500.00	128,400.00	376,100.00

图3-3-1 银行存款日记账样式

项目三 Excel 在会计账务处理中的应用

总 分 类 账

总账科目：应付账款

2017年		凭证		摘要	借方金额	贷方金额	借或贷	余额	√
月	日	字	号						
6	1			期初余额			贷	94,800.00	
06	05	记	004			23,400.00	贷	118,200.00	
06	20	记	011		23,400.00		贷	94,800.00	
06	30			本月合计	23400	23,400.00	贷	94,800.00	

图3-3-2 应付账款总账样式

应付账款 明细账

明细科目名称：大洪公司

2017年		凭证		摘要	对方科目	借方金额	贷方金额	借或贷	余额
月	日	字	号						
6	1			期初余额				贷	94,800.00
06	05	记	004				23,400.00	贷	118,200.00
06	20	记	011			23,400.00		贷	94,800.00
06	30			本月合计		23400	23,400.00	贷	94,800.00

图3-3-3 应付账款明细账样式

二、设置表格

（一）登记"银行存款日记账"

（1）打开"我的案例"工作簿，新建一张工作表并将工作表重命名为"银行存款日记账"，合并A1:I1单元格区域，输入标题"银行存款日记账"；第2~4行输入年月日、凭证字号、借贷方金额等；第5行输入期初余额308 000元，如图3-3-4所示。

图3-3-4 编制"银行存款日记账"并输入期初余额

（2）打开"记账凭证总表"工作表，筛选6月份且一级科目名称为"银行存款"的记录，把筛选的结果复制到"银行存款日记账"工作表中，如图3-3-5和图3-3-6所示。

万绿食品公司记账凭证总表

	年	月	日	字	凭证编号	摘要	科目代码	一级科目名称	明细科目名称	借方金额	贷方金额
23	2017	06	02	记	001	借入短期借款	1002	银行存款		80,000.00	
28	2017	06	03	记	003	提现	1002	银行存款			1,000.00
34	2017	06	10	记	006	收回前欠货款	1002	银行存款		8,000.00	
39	2017	06	12	记	008	销售产品，款已收	1002	银行存款		58,500.00	
45	2017	06	18	记	010	支付广告费	1002	银行存款			1,000.00
47	2017	06	20	记	011	偿还前欠货款	1002	银行存款			23,400.00
49	2017	06	25	记	012	提现	1002	银行存款			50,000.00
58	2017	06	30	记	016	支付设施修理费	1002	银行存款			3,000.00
59	2017	06	30	记	017	收回前欠货款	1002	银行存款		50,000.00	
62	2017	06	30	记	018	对外捐赠	1002	银行存款			50,000.00

图3-3-5 筛选6月份银行存款业务

任务三　编制会计账簿

图3-3-6　粘贴6月份银行存款业务

（3）在I5单元格输入公式"＝I4＋G5－H5"，按Enter键结出6月2日的余额，使用自动拖柄功能向下拖曳I6：I4单元格区域，结出6月份的全部余额，按凭证汇总表记录信息输入对方科目。

（4）在G15和H15单元格使用自动求和函数算出本月借方金额合计数和贷方金额合计数，在I15单元格输入公式"＝I4＋G15－H15"，结出本月余额数，如图3-3-1所示。

（5）设置单元格格式：设置标题字体、字号为：宋体，20号，加粗，加双下划线；设置第2、3行字体、字号为：宋体，12号，加粗；设置其他行字体、字号为：宋体，12号；为A2:I25区域加边框，"本月合计"栏加红色边框；调整合适的行高、列宽。

（6）页面设置：设置纸张大小为A4，横向打印，自行调节最佳的页边距，使表格打印预览看上去美观大方。

（7）设置完成后，单击"保存"按钮。

（二）登记"应付账款总账"及"应付账款明细账"

（1）打开"我的案例"工作簿，新建一张工作表并重命名为"应付账款总账"，合并A1:I1单元格区域，输入标题"应付账款总账"；第2～4行输入年月日、凭证字号、借贷方金额等；第5行输入期初余额94 800元，借贷方向为"贷"，如图3-3-7所示。

图3-3-7　编制"应付账款总账"并输入期初余额

（2）打开"记账凭证总表"工作表，筛选6月份且一级科目名称为"应付账款"的记录，把筛选的结果复制到"应付账款"工作表中，如图3-8-8和图3-8-9所示。

109

项目三 Excel在会计账务处理中的应用

图3-3-8 筛选6月份应付账款业务

图3-3-9 粘贴6月份应付账款业务

（3）在I6单元格中输入公式"＝I5＋G6-F6"，按Enter键结出6月5日的余额，使用自动拖柄功能拖曳I6：I7区域单元格，结出6月份全部余额。

（4）在F8和G8单元格使用自动求和函数算出本月借方金额合计数和贷方金额合计数，在I8单元格输入公式"＝I5＋F8－G8"，结出本月余额数，如图3-3-2所示。

（5）设置单元格格式：设置标题字体、字号为：宋体，20，加粗，加双下划线；设置第2、3行字体、字号为：宋体，12，加粗；设置其他行字体、字号为：宋体，12；为A2：I25区域加边框，"本月合计"栏加上红色边框，调整合适的行高、列宽。

（6）页面设置：设置纸张大小为A4，横向打印，自行调节最佳的页边距，使表格打印预览看上去美观大方。

（7）因为6月份应付账款明细科目只有大洪公司，所以"应付账款明细账"的登记方法与"应付账款总账"的一致，其制作样式如图3-3-3所示。

知识储备及拓展

一、数据排序

数据排序是按照一定的规则把一列或多列无序的数据按条件进行有序排列，这样有助于快速、直观地显示数据并更好地理解数据，有助于查找所需要数据。

例如，打开"一季度销售情况表"工作表，按"产品名称"进行排序，其操作步骤如下：

（1）把鼠标定在排序区域内的任一单元格。

（2）单击"数据"选项卡→"排序"命令，打开"排序"对话框，设置主要关键字为

"列E",设置排序依据和次序分别为"数值"和"降序",效果如图3-3-10所示。

图3-3-10 按要求进行排序设置

(3)完成后单击"确定"按钮,此时该销售表按产品的名称顺序重新排序,如图3-3-11所示。

万绿食品公司2007年第一季度销售情况表

销售部门	销售人员	产品名称	销售数量	销售金额	销售产品成本
一科	谢惠琴	C产品	660	594,000.00	297,000.00
二科	黄萍	C产品	510	459,000.00	229,500.00
二科	温晓敏	C产品	510	459,000.00	229,500.00
一科	吴翠芳	C产品	410	369,000.00	184,500.00
一科	吴翠芳	C产品	456	410,400.00	205,200.00
二科	温晓敏	C产品	510	459,000.00	229,500.00
一科	吴翠芳	C产品	302	271,800.00	135,900.00
一科	谢惠琴	C产品	754	678,600.00	339,300.00
一科	谢惠琴	C产品	810	729,000.00	364,500.00
二科	温晓敏	C产品	340	306,000.00	153,000.00
二科	吴美娴	C产品	520	468,000.00	234,000.00
一科	吴翠芳	B产品	490	343,000.00	171,500.00
二科	吴美娴	B产品	480	336,000.00	168,000.00
一科	周强	B产品	800	560,000.00	280,000.00

图3-3-11 按产品的名称顺序重新排序

二、数据筛选

筛选是指从工作表中找出符合一定条件的数据。通过筛选可以只显示符合条件的数据,将不符合条件的数据暂时隐藏起来。筛选分为自动筛选和高级筛选两种方式,要进行筛选操作,数据中必须有列标签。

(一)自动筛选

例如,打开"员工信息档案表"工作表,筛选出性别为"女"的所有数据。其操作步骤如下:

(1)把鼠标定在需要筛选的数据区域内的任一单元格。

(2)单击"数据"选项卡→"筛选"命令,此时,工作表标题行中的每个单元格右侧显示出筛选箭头,如图3-3-12所示。

2	序号	姓名	性别	民族	户籍	身份证号码
3	01	赵华	男	汉	广东	441625198001292772
4	02	王锐	男	汉	广东	441625198212221318

图3-3-12 单击"筛选"命令

（3）单击要进行筛选操作的列标题右侧的筛选箭头，在展开的下拉列表中取消不需要显示的记录的筛选框，选中需要显示的记录的复选框，如图3-3-13所示。

（4）完成后单击"确定"按钮，筛选出符合要求的记录，如图3-3-14所示。

序号	姓名	性别	民族	户籍	身份证号码
03	黄彩冰	女	汉	广东	441424199308016786
04	黄敏玲	女	汉	广东	441623199309263126
05	黄蓉	女	汉	广东	441621199309136220
06	刘玲	女	汉	广东	441621198302056420
07	黄玉莹	女	汉	广东	441622199109102321
08	赖汝忍	女	汉	广东	441622199408042349
10	李美珊	女	汉	广东	441624199310232921
11	李旭梅	女	汉	广东	441624199409131224
14	刘凤醒	女	汉	广东	441624199308241443
15	刘奕然	女	汉	广东	441623199404144643

图3-3-13 选中需要显示的筛选记录　　　　图3-3-14 筛选符合要求的记录

（5）进行筛选操作后，筛选按钮由 ▼ 变成 ▼，即添加了一个筛选标记。此时单击按钮，在展开的下拉列表中单击"全选"复选框，单击"确定"按钮，可重新显示所有数据。

（二）自定义筛选

自定义筛选通过自定义筛选条件筛选出符合需要的记录。

例如，在图3-3-15所示数据中筛选出1980年出生的所有记录，其操作步骤如下：

（1）把鼠标定在需要筛选的数据区域内的任一单元格。

（2）单击"数据"选项卡→"筛选"命令，此时，工作表标题行中的每个单元格右侧显示出筛选箭头，单击"出生日期"列标题右侧的筛选按钮，在展开的下拉列表中选择"数字筛选"命令，然后在展开的子列表中选择"自定义筛选"命令，如图3-3-16所示。

序号	姓名	性别	民族	户籍	出生日期
01	赵华	男	汉	广东	1987
02	王锐	男	汉	广东	1974
03	吴美娴	女	汉	广东	1980
04	谢惠琴	女	汉	广东	1983
05	谢振英	女	汉	广东	1978
06	叶嘉慧	女	汉	广东	1990
07	叶明丽	女	汉	广东	1985
08	尤晓慧	女	汉	广东	1975
09	余晓桃	女	汉	广东	1978
10	张桂祯	女	汉	广东	1969
11	张惠玲	女	汉	广东	1984
12	张立诗	男	汉	广东	1970

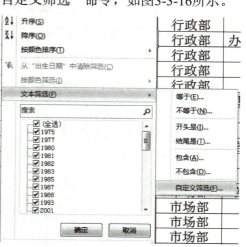

图3-3-15 要进行筛选的数据源　　　　图3-3-16 选择"自定义筛选"命令

（3）在弹出的"自定义自动筛选方式"对话框中设置具体的筛选条件，如图3-3-17所示。

（4）单击"确定"按钮，最终筛选出六条符合条件的记录，如图3-3-18所示。

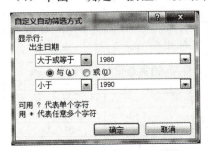

图3-3-17　设置筛选条件　　　　　图3-3-18　筛选结果

小 知 识

如果所筛选列中为文本型或日期型数据，筛选列表中的"数字筛选"命令会变成"文本筛选"或"日期筛选"命令，其操作与"数字筛选"命令的相似。此外，如果工作表中的单元格填充了颜色，还可以按颜色对工作表进行筛选。

（三）取消筛选

对于不再需要的筛选，可以将其取消。若要取消在数据表中对某一列进行的筛选，可以单击该列列标签单元格右侧的筛选按钮，在展开的下拉列表中选中"全选"复选框，单击"确定"按钮。此时筛选按钮上的筛选标记消失，该列所有数据显示出来。

若要取消在工作表中对所有列进行的筛选，可单击"数据"选项卡→"排序和筛选"组→"清除"按钮，此时筛选标记消失，所有列数据显示出来；若要删除工作表中的三角筛箭头，可单击"数据"选项卡→"排序和筛选"组→"筛选"按钮，如图3-3-19所示。

图3-3-19　取消筛选

三、数据分类汇总

分类汇总是将数据表中的数据按某一关键字进行求和、求平均值、求最大最小值等汇总处理，分级显示汇总的结果，从而增加工作表的可读性，使用户能更快捷地获得需要的数据并做出判断。

在执行分类汇总前，需先对工作表中的数据进行排序，通过排序将各个相同的类别汇集在一起，然后再通过分类汇总分别对各个类别进行运算。

例如，对图3-3-20的销售情况表按产品名称对销售金额进行分类汇总。

序号	销售月份	销售部门	销售人员	产品名称	销售数量	销售金额
1	1月份	一科	周强	A产品	700	420,000.00
2	1月份	二科	温晓敏	A产品	296	177,600.00
3	1月份	一科	吴翠芳	B产品	490	343,000.00
4	1月份	二科	温晓敏	A产品	350	210,000.00
5	1月份	一科	周强	A产品	500	300,000.00
6	1月份	二科	吴美娴	B产品	480	336,000.00
7	1月份	一科	谢惠琴	C产品	660	594,000.00
8	1月份	二科	黄萍	C产品	510	459,000.00
9	1月份	一科	吴翠芳	A产品	450	270,000.00
10	1月份	一科	吴翠芳	A产品	520	312,000.00
11	1月份	二科	温晓敏	C产品	510	459,000.00
12	1月份	一科	周强	B产品	800	560,000.00
13	1月份	二科	吴美娴	A产品	700	420,000.00
14	1月份	一科	谢惠琴	B产品	512	358,400.00
15	1月份	二科	温晓敏	A产品	320	192,000.00

图3-3-20 销售情况表

（1）首先对表格按产品名称进行排序（此步骤可参看上面案例）

（2）把鼠标定在需要筛选的数据区域内的任一单元格，单击"数据"选项卡→"分类汇总"命令，打开"分类汇总"对话框，其参数设置如图3-3-21所示。

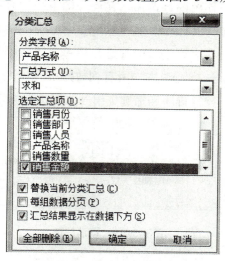

图3-3-21 对汇总项进行设置

（3）完成后单击"确定"按钮，此时表格便按照各类产品的销售金额进行分类汇总，效果如图3-3-22所示。

任务三　编制会计账簿

	A	B	C	D	E	F	G
1	序号	销售月份	销售部门	销售人员	产品名称	销售数量	销售金额
2	1	1月份	一科	周强	A产品	700	420,000.00
3	2	1月份	二科	温晓敏	A产品	296	177,600.00
4	4	1月份	二科	温晓敏	A产品	350	210,000.00
5	5	1月份	一科	周强	A产品	500	300,000.00
6	9	1月份	一科	吴翠芳	A产品	450	270,000.00
7	10	1月份	一科	吴翠芳	A产品	520	312,000.00
8	13	1月份	二科	吴美娴	A产品	700	420,000.00
9	15	1月份	二科	温晓敏	A产品	320	192,000.00
10					A产品 汇总		2,301,600.00
11	3	1月份	一科	吴翠芳	B产品	490	343,000.00
12	6	1月份	二科	吴美娴	B产品	480	336,000.00
13	12	1月份	一科	周强	B产品	800	560,000.00
14	14	1月份	一科	谢惠琴	B产品	512	358,400.00
15					B产品 汇总		1,597,400.00
16	7	1月份	一科	谢惠琴	C产品	660	594,000.00
17	8	1月份	二科	黄萍	C产品	510	459,000.00
18	11	1月份	二科	温晓敏	C产品	510	459,000.00
19					C产品 汇总		1,512,000.00
20					总计		5,411,000.00

图3-3-22　已完成的分类汇总效果图

任务巩固

1．打开"知识训练"工作簿，新建四张工作表，并重命为"现金日记账""应收账款总账""应收明细-宏达公司"和"应收明细-万科公司"。

2．假设万绿食品公司6月初库存现金的期初余额为1 800元，应收账款的期初余额为95 000元，其中宏达公司的期初余额为58 000元，万科公司的期初余额为37 000元。在三个新建的工作表中分别制作并登记"现金日记账""应收账款总账"和"应收账款明细账"，账簿登记完成后，调整合适的行高、列宽并保存。

任务三 编制会计账簿

成果展示及评价

每位同学就任务的完成情况作个人学习总结。然后以小组为单位，可选择Excel电子表格、纸质文稿、演示文稿、展板或海报等形式进行展示，并推荐一名同学汇报学习成果。

1. 个人学习总结

完成情况：_____
_____
_____

遇到困难：_____
_____
_____

解决方法：_____
_____
_____

存在问题：_____
_____
_____

2. 学习任务评价表

学习任务评价表

班级：_____ 组别：_____ 姓名：_____

评价项目	项目内容及评分标准	分值	自我评价（20%）	小组评价（30%）	教师评价（50%）
职业素养	1. 能积极主动完成并上交老师布置的任务	20			
	2. 能与小组成员协作，有较强的团队意识	10			
	3. 任务实施过程是否安全、文明	10			
	4. 总结简明扼要、重点突出、思路清晰	10			
专业能力	1. 能按要求在规定时间内完成所有任务	10			
	2. 能熟练登记各类日记账、总账和明细账等	30			
	3. 表格打印（或预览）美观大方	10			
创新能力	学习过程中提出具有创新性、可行性的建议	小计			
	创新加分 汇报加分 团队加分	综合得分			
教师评语	指导教师签名：			年 月 日	

117

任务四　编制资产负债表

任务描述

万绿食品公司2017年6月的经营情况已经结束了，小崔根据本月已经完成的凭证、账簿等资料进行整理，眼看一笔笔的收支往来，本月的财务状况到底如何呢？其具体的资产、负债、权益比例如何进行反映呢？小崔知道，只要编制一张资产负债表就能解决以上的问题了！

任务目标

1. 熟练跨工作表和跨工作簿引用数据；
2. 熟练使用条件格式设置，对资产负债表进行试算设置；
3. 能制作6月份的"资产负债表"。

任务实施

一、规划表格样式

河源万绿食品公司本月经营业务已经结束，现需要根据公司的相关财务数据资料编制河源万绿食品公司的"6月资产负债表"。编制效果如图3-4-1所示。

二、设置表格

（1）打开"我的案例"工作簿，插入一张新的工作表，并重命名为"资产负债表"。
（2）根据表格样式，输入标题和第二、三行的内容。
（3）选择A4:F32单元格区域，加边框，如图3-4-2所示。

项目三 Excel在会计账务处理中的应用

资产负债表

会企01表

编制单位：万绿食品有限公司　　　　2017年6月31日　　　　　　单位：元

资产	期末余额	年初余	负债和所有者权益	期末余额	年初余额
流动资产：			**流动负债：**		
货币资金	378,020		短期借款	260,000	
交易性金融资产	–		交易性金融负债	–	
应收票据	–		应付票据	–	
应收账款	154,000		应付账款	94,800	
预付账款	–		预收账款	–	
应收利息	–		应付职工薪酬	50,000	
应收股利	–		应交税费	26,930	
其他应收款	–		应付利息	–	
存货	294,200		应付股利	–	
一年内到期的非流动资	–		其他应付款	–	
其他流动资产	–		一年内到期的非流动负债	–	
流动资产合计	826,220		其他流动负债	–	
非流动资产：			流动负债合计	431,730	
可供出售金融资产	–		**非流动负债：**		
持有至到期投资	–		长期借款	–	
长期股权投资	–		长期应付款	–	
投资性房地产	–		专项应付款	–	
固定资产	1,735,000		预计负债	–	
固定资产清理	–		非流动负债合计	–	
生产性生物资产	–		负债合计	431,730	
无形资产	–		**所有者权益：**		
开发支出	–		实收资本	2,115,000	
长期待摊费用	–		资本公积	–	
递延所得税资产	–		盈余公积	–	
其他非流动资产	–		未分配利润	14,490	
非流动资产合计	1,735,000		所有者权益合计	2,129,490	
资产总计	2,561,220		**负债和所有者权益合计**	2,561,220	
会计主管：刘玲			制表人：黄玉莹		审核人：赖汝忍

图3-4-1　资产负债表样式

	A	B	C	D	E	F
1			资产负债表			
2						会企01表
3	编制单位：万绿食品有限公司			2017年6月31日		单位:元
4						
5						
6						
7						
8						
9						
10						
11						
12						
13						
14						
15						
16						
17						
18						
19						
20						
21						
22						
23						

图3-4-2　输入表格标题

任务四　编制资产负债表

（4）根据表格样式，输入资产列、负债和所有者权益列等内容，如图3-4-3所示。

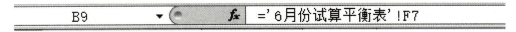

图3-4-3　输入资产列、负债和所有者权益列等内容（部分表格）

（5）输入公式，生成"期末余额数"。

①选择B6单元格，输入公式"='6月份试算平衡表'!F4+'6月份试算平衡表'!F6"，按Enter键，生成"货币资金"的期末余额数：378 020元。公式编辑栏如图3-4-4所示。

图3-4-4　"货币资金"期末余额公式

②选择B9单元格，输入公式"='6月份试算平衡表'!F7"，单击Enter键，生成"应收账款"的期末余额数：154 000元。公式编辑栏如图3-4-5所示。

图3-4-5　"应收账款"期末余额公式

③选择B14单元格，输入公式"='6月份试算平衡表'!F16+'6月份试算平衡表'!F21+'6月份试算平衡表'!F22"，按Enter键，生成"存货"的期末余额数：294 200元。公式编辑栏如图3-4-6所示。

图3-4-6　"存货"期末余额公式

④选择B17单元格，输入公式"=SUM(B6:B16)"，按Enter键，生成"流动资产合计"期末余额数：826 220元。公式编辑栏如图3-4-7所示。

项目三 Excel在会计账务处理中的应用

| B17 | f_x | =SUM(B6:B16) |

图3-4-7 "流动资产合计"期末余额公式

⑤选择B23单元格,输入公式"='6月份试算平衡表'!F15-'6月份试算平衡表'!G14",按Enter键,生成"固定资产"的期末余额数1 735 000元。公式编辑栏如图3-4-8所示。

| B23 | f_x | ='6月份试算平衡表'!F15-'6月份试算平衡表'!G14 |

图3-4-8 "固定资产"期末余额公式

⑥选择B31单元格,输入公式"=SUM(B19:B30)",按Enter键,生成"非流动资产合计"期末余额数:1 735 000元。公式编辑栏如图3-4-9所示。

| B31 | f_x | =SUM(B19:B30) |

图3-4-9 "非流动资产合计"期末余额公式

⑦选择B32单元格,输入公式"=SUM(B17,B31)",按Enter键,生成"资产总计"期末余额数:2 561 220元。公式编辑栏如图3-4-10所示。

| B32 | f_x | =SUM(B17,B31) |

图3-4-10 "资产总计"期末余额公式

⑧选择E6单元格,输入公式"='6月份试算平衡表'!G12",按Enter键,生成"短期借款"的期末余额数:260 000元。公式编辑栏如图3-4-11所示。

| E6 | f_x | ='6月份试算平衡表'!G12 |

图3-4-11 "短期借款"期末余额公式

⑨选择E9单元格,输入公式"='6月份试算平衡表'!G10",按Enter键,生成"应付账款"的期末余额:94 800元。公式编辑栏如图3-4-12所示。

| E9 | f_x | ='6月份试算平衡表'!G10 |

图3-4-12 "应付账款"期末余额公式

⑩选择E11单元格,输入公式"='6月份试算平衡表'!G9",按Enter键,生成"应付职工薪酬"的期末余额数:50 000元。公式编辑栏如图3-4-13所示。

| E11 | f_x | ='6月份试算平衡表'!G9 |

图3-4-13 "应付职工薪酬"期末余额公式

⑪选择E12单元格,输入公式"='6月份试算平衡表'!G17",按Enter键,生成"应交税费"的期末余额数:26 930元。公式编辑栏如图3-4-14所示。

任务四 编制资产负债表

| E12 | ='6月份试算平衡表'!G17 |

图3-4-14 "应交税费"期末余额公式

⑫选择E18单元格,输入公式"=SUM(E6:E17)",按Enter键,生成"流动负债合计"期末余额数:431 730元。公式编辑栏如图3-4-15所示。

| E18 | =SUM(E6:E17) |

图3-4-15 "流动负债合计"期末余额公式

⑬选择E25单元格,输入公式"=SUM(E18,E24)",按Enter键,生成"负债合计"期末余额数:431 730元。公式编辑栏如图3-4-16所示。

| E25 | =SUM(E18,E24) |

图3-4-16 "负债合计"期末余额公式

⑭选择E27单元格,输入公式"='6月份试算平衡表'!G5",按Enter键,生成"实收资本"的期末余额数2 115 000元。公式编辑栏如图3-4-17所示。

| E27 | ='6月份试算平衡表'!G5 |

图3-4-17 "实收资本"期末余额公式

⑮选择E30单元格,输入公式"='6月份试算平衡表'!G26",按Enter键,生成"未分配利润"的期末余额数14 490元。公式编辑栏如图3-4-18所示。

| E30 | ='6月份试算平衡表'!G26 |

图3-4-18 "未分配利润"期末余额公式

⑯选择E31单元格,输入公式"=SUM(E27:E30)",按Enter键,生成"所有者权益合计"的期末余额数2 129 490元。公式编辑栏如图3-4-19所示。

| E31 | =SUM(E27:E30) |

图3-4-19 "所有者权益合计"期末余额公式

⑰选择E32单元格,输入公式"=SUM(E25,E31)",按Enter键,生成"负债和所有者权益合计"的期末余额数2 561 220元。公式编辑栏如图3-4-20所示。

| E32 | =SUM(E25,E31) |

图3-4-20 "负债和所有者权益合计"期末余额公式

(6)至此,资产负债表中的"期末余额"公式就全部录入完毕,其他单元格的"期末余额"数输入"0","年初余额"数略,如图3-4-21所示。

资产	期末余额	年初余额	负债和所有者权益	期末余额	年初余额
流动资产:			流动负债:		
货币资金	378,020		短期借款	260,000	
交易性金融资产	–		交易性金融负债	–	
应收票据	–		应付票据	–	
应收账款	154,000		应付账款	94,800	
预付账款	–		预收账款	–	
应收利息	–		应付职工薪酬	50,000	
应收股利	–		应交税费	26,930	
其他应收款	–		应付利息	–	
存货	294,200		应付股利	–	
一年内到期的非流动资	–		其他应付款	–	
其他流动资产	–		一年内到期的非流动负债	–	
流动资产合计	826,220		其他流动负债	–	
非流动资产:			流动负债合计	431,730	
可供出售金融资产	–		非流动负债		
持有至到期投资	–		长期借款	–	
长期股权投资	–		长期应付款	–	
投资性房地产	–		专项应付款	–	
固定资产	1,735,000		预计负债	–	
固定资产清理	–		非流动负债合计	–	
生产性生物资产	–		负债合计	431,730	
无形资产	–		所有者权益:		
开发支出	–		实收资本	2,115,000	
长期待摊费用	–		资本公积	–	
递延所得税资产	–		盈余公积	–	
其他非流动资产	–		未分配利润	14,490	
非流动资产合计	1,735,000		所有者权益合计	2,129,490	
资产总计	2,561,220		负债和所有者权益合计	2,561,220	

图3-4-21　期末余额公式输入完成效果

(7)在第33行输入会计主管、制表人和审核人等数据,按照表格样式所示对相关重要的文字加粗和加底纹,最终完成效果如图3-4-1所示。

(8)设置合适的行高、列宽,设置打印纸张为A4,纵向,设置合适的页边距,使表格看上去美观、大方,完成后单击"保存"按钮。

知识储备及拓展

一、资产负债表的内容及结构

资产负债表是反映企业某一特定日期(月末、季末、半年末、年末)财务状况的会计报表。

在我国,资产负债表采用账户式结构,根据"资产=负债+所有者权益"的基本公式,报表分为左、右两边,左边列示资产各项目,反映全部资产的分布及存在形态;右边

任务四 编制资产负债表

列示负债和所有者权益各项目，反映全部负债和所有者权益的内容及构成情况。资产负债表左右双方平衡，即资产总计等于负债和所有者权益总计。资产负债表的基本格式如图3-4-22所示。

资产负债表

编制单位：　　　　　　　2007年6月30日　　　　　　　　　　　单位：元

资产	行次	年初数	期末数	负债及所有者权益	行次	年初数	期末数
流动资产：				流动负债：			
货币资金	1			短期借款	46		
交易性金融资产	2			应付票据	47		
应收票据	3			应付账款	48		
应收股利	4			预收账款	49		
应收账款	5			应付职工薪酬	51		
其他应收款	6			应交税费	53		
预付货款	7			应付股利	54		
应收补贴款	8			应付利息	55		
存货	9			其他应付款	56		
待摊费用	10			一年内到期的长期负债	58		
一年内到期的长期债券	21			其他流动负债	65		
其他流动资产	24			流动负债合计	66		
流动资产合计	31			长期负债：			
非流动资产：				长期借款	66		
长期股权投资	32			长期应付款	67		
固定资产	34			其他非流动负债	75		
固定资产清理	43			长期负债合计	76		
在建工程	44			负债合计			
无形资产	51			所有者权益：			
长期待摊费用	52			实收资本	78		
非流动资产合计	67			资本公积	79		
				盈余公积	81		
				未分配利润	85		
				所有者权益合计			
资　产　合　计	67			负债及所有者权益合计	90		
财务主管：				制表人：		审核人：	

图3-4-22　资产负债表的基本格式

资产和负债应当分别进行流动资本和非流动资产、流动负债和非流动负债列示。

二、资产负债表的编制

在建立好的余额表基础上，可以很容易地编制出资产负债表。因为资产负债表的编制是根据各账户的余额加或减之后分析填列的。

我国小企业的资产负债表采用账户式结构，报表分为左、右两边，左边列示资产各项目，反映全部资产的分布及存在形态；右边列示负债和所有者权益各项目，反映全部负债和所有者权益的内容及构成情况。资产负债表左、右两方平衡，即资产总计等于负债和所有者权益总计。资产负债表中一般设有"期末数"和"年初数"两栏，其格式如图3-4-23所示。编制资产负债表时，要填报"期末数"和"年初数"两栏数据。

项目三 Excel 在会计账务处理中的应用

图3-4-23 数据栏

（一）"年初余额"的编制方法

资产负债表"年初数"栏内各项数字，应根据上年末资产负债表"期末数"栏内所列数字填列。如果上年末资产负债表的项目名称和内容与本年末资产负债表不一致，应对上年末资产负债表的项目名称和数字按本年末资产负债表的规定进行调整，并填入"年初数"栏。

（二）"期末余额"的编制方法

1. 资产负债表"期末余额"的填列方法

资产负债表各项目的"期末余额"，一般根据资产、负债和所有者权益类科目的期末余额填列，具体区分为以下几种填列方法：

（1）根据总账科目余额直接填列。例如，"短期投资""应收票据""应收股利""应收利息""其他应收款""长期债券投资""长期股权投资""固定资产原价""累计折旧""在建工程""工程物资""固定资产清理""开发支出""长期待摊费用""短期借款""应付票据""应付职工薪酬""应交税费""应付利息""应付股利""其他付款""实收资本（或股本）""资本公积""盈余公积"等项目，根据有关总账科的期末余额直接填列。

（2）根据总账科目余额计算填列。如"货币资金"项目，根据"库存现金""银行存款""其他货币资金"科目的期末余额合计数计算填列。

（3）根据明细科目余额计算填列。如"应收账款"项目，应根据"应收账款"和"预收账款"两个科目所属的相关明细科目的期末借方余额合计数填列；"应付账款"项目，应根据"应付账款"和"预付账款"两个科目所属的相关明细科目的期末贷方余额合计数填列；"未分配利润"项目，应根据"利润分配"科目中所属的"未分配利润"明细科目期末余额填列。

（4）根据总账科目和明细科目余额分析计算填列。如"长期借款"项，根据"长期借款"总账科余额扣除"长期借款"科目所属明细科目中将于一年内到期的部分填列。

（5）根据科目余额减去其备抵项目后的净额填列。如"无形资产"项目，应根据"无形资产"科目的期末余额减去"累计摊销"科目的期末余额后的金额填列。

（6）综合运用上述方法分析填列。如"存货"项目，应根据"材料采购""在途物资""原材料""生产成本""库存商品""委托加工物资""周转材料""消耗性生物资产"等科目的期末余额合计填列，材料采用计划成本核算。库存商品采用计划成本核算或售价核算的小企业，还应按加或减"材料成本差异""商品进销差价"后的金额填列。

（7）根据有关项目的金额计算填列。如"流动资产合计""非流动资产合计""资产总计""流动负债合计""非流动负债合计""负债合计""所有者权益（或股东权益）合计""负债和所有者权益（成股东权益）总计"等项目，应根据表中的相关项目的合计额填列。"固定资产账面价值"项目，则需根据"固定资产原价"项目金额减去"累计折旧"项目金额后的余额填列。

2. 资产负债表项目的内容及填列说明

（1）"货币资金"项目，反映小企业库存现金、银行存款、其他货币资金的合计数。本项目应根据"库存现金""银行存款"和"其他货币资金"科目的期末余额合计填列。

（2）"交易性金融资产"项目，反映企业未来近期内出售而持有的股票、债券、基金等金融资产。本项目应根据"交易性金融资产"科目的期末余数填列。

（3）"应收票据"项目，反映小企业收到的未到期收款也未向银行贴现的应收票据（银行承兑汇票和商业承兑汇票）。本项目应根据"应收票据"科目的期末余额填列。

（4）"应收账款"项目，反映小企业因销售商品、提供劳务等日常生产经营活动应收取的款项。本项目应根据"应收账款"的期末余额分析填列。如"应收账款"科目明细账期末为贷方余额，应当在"预收账款"项目列示。

（5）"预付账款"项目，反映小企业按照合同规定预付的款项。包括：根据合同规定预付的购货款、租金、工程款等。本项目应根据"预付账款"科目的期末余额分析填列，如"预付账款"科目明细账期末为贷方余额，应当在"应付账款"项目列示。属于超过1年期以上的预付账款的借方余额，应当在"其他非流动资产"项目列示。

（6）"应收股利"项目，反映小企业应收取的现金股利或利润。本项目应根据"应收股利"科目的期末余额填列。

（7）"应收利息"项目，反映小企业债券投资应收取的利息。小企业购入一次还本付息债券应收的利息，不包括在本项目内。本项目应根据"应收利息"科目的期末余额填列。

（8）"其他应收款"项目，反映小企业除应收票据、应收账款、预付账款、应收股利、应收利息等以外的其他各种应收及暂收款项。包括：各种应收的赔款、应向职工收汉的各种垫付款项等。本项目应根据"其他应收款"科目的期末余额填列。

（9）"存货"项目，反映小企业期末在库、在途和在加工中的各项存货的成本。包括：各种原材料、在产品、半成品、产成品商品、周转材料（包装物、低值易耗品等）、消耗生物资产等。本项目应根据"材料采购""在途物资""原材料""材料成本""生产成本""库存商品""商品进销差价""委托加工物资""周转材料"等科目的期末余额分析填列。

（10）"其他流动资产"项目，反映小企业除以上流动资产项外的其他流动资产（含1年内到期的非流动资产）。本项目应根据有关科目的期末余额分析填列。

（11）"长期股权投资"项目，反映小企业准备长期持有的权益性投资的成本。本项目应根据"长期股权投资"科目的期末余额填列。

（12）"固定资产"项目，反映小企业固定资产原价扣除累计折旧后的余额。本项目应根据"固定资产"科目的期末余额减去"累计折旧"科目的期末余额后的金额填列。

（13）"固定资产清理"项目，反映小企业因出售、报废、毁损、对外投资等原因处置固定资产所转出的固定资产账面价值，以及在清理过程中发生的费用等。本项目应根据"固定资产清理"科目的期末借方余额填列，如"固定资产清理"科目期末为贷方余额，以"—"号填列。

（14）"在建工程"项目，反映小企业尚未完工或虽已完工，但尚未办理竣工决算的工程成本。本项目应根据"在建工程"科目的期末余额填列。

（15）"无形资产"项目，反映小企业无形资产的账面价值。本项目应根据"无形资产"科目的期末余额减去"累计摊销"科目的期末余额后的金额填列。

（16）"长期待摊费用"项目，反映小企业尚未摊销完毕的已提足折旧的固定资产的改建支出、经营租入固定资产的改建支出、固定资产的大修理支出和其他长期待摊费用。本项目应根据"长期待摊费用"科目的期末余额分析填列。

（17）"其他非流动资产"项目，反映小企业除以上非流动资产以外的其他非流动资产。本项目应根据有关科目的期末余额分析填列。银行或其他金融机构等借入的期限在1年内。

（18）"短期借款"项目，反映小企业向银行借入的、尚未偿还的各种借款本金。本项目应根据"短期借款"科目的期末余额填列。

（19）"应付票据"项目，反映小企业因购买材料、商品和接受劳务等日常生活经营活动开出、承兑的商业汇票（银行承兑汇票和商业承兑汇票）尚未到期的票面金额。本项目应根据"应付票据"科目的期末余额填列。

（20）"应付账款"项目，反映小企业因购买材料、商品和接受劳务等日常生产经营活动尚未支付的款项。本项目应根据"应付账款"科目的期末余额分析填列。如"应付账款"科目明细账期末为借方余额，应当在"应收账款"项目列示。

（21）"预收账款"项目，反映小企业根据合同规定预收的款项。包括：预收的购货款、工程款等。本项目应根据"预收账款"科目的期末贷方余额分析填列；如"预收账款"科目明细账期末为借方余额，应当在"应收账款"项目列示。属于超过1年期以上的预收账款的贷方余额，应当在"其他非流动负债"项目列示。

（22）"应付职工薪酬"项目，反映小企业应付未付的职工薪酬。本项目应根据"应付职工薪酬"科目期末余额填列。

（23）"应交税费"项目，反映小企业期末未交、多交或尚未抵扣的各种税费。本项目应根据"应收税费"科目的期末贷方余额填列；如"应交税费"科目期末为借方余额，以"—"号填列。

（24）"应付股利"项目，反映小企业尚未支付给投资者分配的利润。本项目应根据"应付股利"科目的期末余额填列。

（25）"应付利息"项目，反映小企业按照合同约定支付的利息，包括分期付息到期还本的长期借款、短期借款、企业债券等应支付的利息。本项目应根据"应付利息"科目的期末余额填列。

（26）"其他应付款"项目，反映小企业除应付账期、预收账款、应付职工薪酬、应交税费、应付利息、应付利润等以外的其他各项应付、暂收的款项。包括：应付租入固定资产和包装物的租金、存入保证金等。本项目应根据有关科目的期末余额填列。

（27）"一年内到期的长期负债"项目，反映企业长期负债中自编表日起一年内到期的长期负债，形式上是在长期负债账户里反映，本质上是一种流动负债，需要在资产负债表流动负债中单独列示。本项目应根据"长期借款""应付债券""长期应付款"等科目所属有关明细科目的期末余额分析填列。

（28）"其他流动负债"项目，反映小企业除以上流动负债以外的其他流动负债（含1年内到期的非流动负债）。本项目应根据有关科目的期末余额填列。

（29）"长期借款"项目，反映小企业向银行或其他金融机构借入的期限1年以上的、尚未偿还的各项借款本金。本项目应根据"长期借款"科目的期末余额分析填列。

（30）"长期应付款"项目，反映小企业除长期借款以外的其他各种应付未付的长期应付账款。包括：应付融资租入固定资本的租赁费、以分期付款方式购入固定资产发生的应付款项等。本项目应根据"长期应收款"科目的期末余额分析填列。

（31）"其他非流动负债"项目，反映小企业除以上非流动负债项目以外的其他非流动负债。本项目应根据有关科目的期末余额分析填列。

（32）"实收资本（或股本）"项目，反映小企业收到投资者按照合同协议约定或相关规则投入的、构成小企业注册资本的部分。本项目应根据"实收资本（或股本）"科目的期末余额分析填列。

（33）"资本公积"项目，反映小企业在收到投资者投入资本超出其在注册资本中所占份额的部分。本项目应根据"资本公积"科目的期末余额填列。

（34）"盈余公积"项目，反映小企业（公司制）的法定公积金和任意公积金、小企业（外商投资）的储备基金和企业发展基金。本项目应根据"盈余公积"科目的期末余额填列。

（35）"未分配利润"项目，反映小企业尚未分配的历年结存的利润。本项目应根据"利润分配"科目的期末余额填列。未弥补的亏损，在本项目内以"—"号填列。

项目三 Excel 在会计账务处理中的应用

任务巩固

资料：万绿食品公司7月份的期末余额表如图3-4-24所示，请根据相关资料编制万绿食品公司7月份的"资产负债表"。

要求：打开"知识训练"工作簿，插入两张新的工作表，并分别重命名为"万绿食品公司7月份试算平衡表"和"万绿食品公司7月份资产负债表"，将图3-4-24所示资料录入或复制到前表（教师可上传给学生）中，并在后表中编制万绿食品公司7月份资产负债表。表格制作完成后，调整合适的行高、列宽等单元格格式，纸张为A4纸，纵向打印，使表格看上去美观、大方。

万绿食品有限公司试算平衡表
2017年7月31日

科目名称	期初余额		本期发生额		期末余额	
	借方	贷方	借方	贷方	借方	贷方
银行存款	376,100		704,120	285,350	794,870	
实收资本		2,115,000		100,000		2,215,000
库存现金	1,920		10,000	1,300	10,620	
应收账款	154,000		168,000	168,000	154,000	
管理费用	-		107,530	107,530	-	
应付职工薪酬		50,000	50,000	196,516		196,516
应付账款		94,800	117,000	117,000		94,800
销售费用	-		45,203	45,203	-	
财务费用			350	350		
短期借款		260,000	50,000			210,000
制造费用			74,062	61,013	13,049	
累计折旧		80,000		24,858		104,858
固定资产	1,815,000		100,000		1,915,000	
原材料	59,200		100,000	50,800	108,400	
应交税费		26,930	17,000	171,729		181,659
其他应收款	-		1,000	1,000		
主营业务收入		-	600,000	600,000		-
营业外收入			2,000	2,000		
主营业务成本			120,000	120,000	-	
库存商品	50,000		200,000	120,000	130,000	
生产成本	185,000		115,573	200,000	100,573	
营业外支出	-		50,000	50,000		
本年利润			602,000	602,000		
所得税费用			69,729	69,729		
利润分配		14,490		209,188		223,678
合计	2,641,220	2,641,220	3,303,566	3,303,566	3,226,512	3,226,512

图3-4-24　万绿食品有限公司试算平衡表

任务四　编制资产负债表

成果展示及评价

每位同学就任务的完成情况作个人学习总结。然后以小组为单位，可选择Excel电子表格、纸质文稿、演示文稿、展板或海报等形式进行展示，并推荐一名同学汇报学习成果。

1. 个人学习总结

完成情况：_____
_____
_____

遇到困难：_____
_____
_____

解决方法：_____
_____
_____

存在问题：_____
_____
_____

2. 学习任务评价表

学习任务评价表

班级：　　　　　　　组别：　　　　　　　姓名：

评价项目	项目内容及评分标准	分值	自我评价（20%）	小组评价（30%）	教师评价（50%）
职业素养	1. 能积极主动完成并上交老师布置的任务	20			
	2. 能与小组成员协作，有较强的团队意识	10			
	3. 任务实施过程是否安全、文明	10			
	4. 总结简明扼要、重点突出、思路清晰	10			
专业能力	1. 能按要求在规定时间内完成所有任务	10			
	2. 熟练跨工作表和跨工作簿引用数据	30			
	3. 表格打印（或预览）美观大方	10			
创新能力	学习过程中提出具有创新性、可行性的建议	小计			
	创新加分　　汇报加分　　团队加分	综合得分			
教师评语	指导教师签名：			年　月　日	

任务五　编制利润表

🎯 任务描述

万绿食品公司2017年6月的经营业务已经结束了，小崔帮爸爸把本月的凭证、账簿等资料整理得很有条理，那么，本月的经营情况到底如何呢？小崔很有兴趣知道爸爸公司这个月到底赚了多少钱，编制一张利润表便一目了然啦！

🎯 任务目标

1. 熟练跨工作表和跨工作簿引用数据；
2. 能制作"6月份利润表"；
3. 熟练掌握表格美化功能，对利润表进行美化设置。

任务实施

一、规划表格样式

河源万绿食品公司本月经营业务已经结束，现需要根据公司的相关财务数据资料编制河源万绿食品公司的6月份"利润表"。编制效果如图3-5-1所示。

二、设置表格

（1）打开"我的案例"工作簿，插入一张新的工作表，并重命名为"利润表"。

（2）根据表格样式，输入标题和第2、3行的内容。

（3）选择A4:D17单元格区域，加

利润表

编制单位：万绿食品有限公司　　　　　　会企02表
　　　　　　　　　　　　　　　　　　　　单位：元

项目	本月数	本年累计数
一、营业收入	150,000.00	
减：营业成本	30,000.00	
营业税金及附加	—	
销售费用	1,000.00	
管理费用	49,680.00	
财务费用	—	
加：投资收益	—	
二、营业利润	69,320.00	
加：营业外收入	—	
减：营业外支出	50,000.00	
三、利润总额	19,320.00	
减：所得税费用	4,830.00	
四、净利润	14,490.00	

单位负债人：赵华　　　会计主管：刘玲　　　制表人：崔恩明

图3-5-1　6月份利润表样式

边框，如图3-5-2所示。

	A	B	D
1	利润表		
2			会企02表
3	编制单位：万绿食品有限公司		单位：元
4			
5			
6			
7			
8			
9			
10			
11			
12			
13			
14			
15			
16			
17			

图3–5–2　利润表格式

（4）根据表格样式，输入项目列内容，如图3-5-3所示。

	A	B	D
1	利润表		
2			会企02表
3	编制单位：万绿食品有限公司		单位：元
4	项目	本月数	本年累计数
5	一、营业收入		
6	减：营业成本		
7	营业税金及附加		
8	销售费用		
9	管理费用		
10	财务费用		
11	加：投资收益		
12	二、营业利润		
13	加：营业外收入		
14	减：营业外支出		
15	三、利润总额		
16	减：所得税费用		
17	四、净利润		

图3–5–3　输入利润表项目内容

（5）在B列输入公式，生成“本月数”。

①选择B5单元格，输入公式“='6月份试算平衡表'!E19”，按Enter键，生成“营业收入”的本月数：150 000元。公式编辑栏如图3-5-4所示。

B5　　fx　='6月份试算平衡表'!E19

图3–5–4　“营业收入”本月数公式

②选择B6单元格，输入公式"='6月份试算平衡表'!E20"，按Enter键，生成"营业成本"的本月数：300 000元。公式编辑栏如图3-5-5所示。

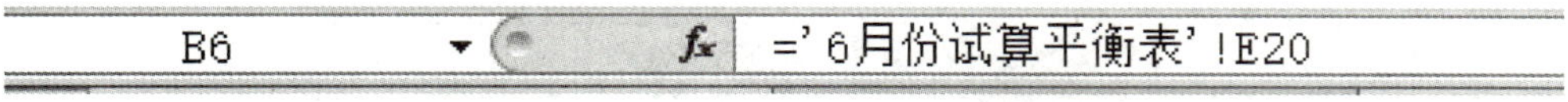

图3-5-5 "营业成本"本月数公式

③选择B8单元格，输入公式"='6月份试算平衡表'!D11"，按Enter键，生成"销售费用"的本月数：1 000元。公式编辑栏如图3-5-6所示。

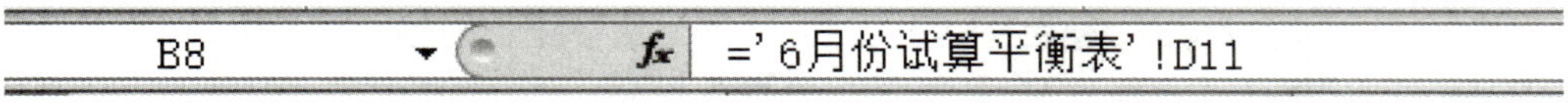

图3-5-6 "销售费用"本月数公式

④选择B9单元格，输入公式"='6月份试算平衡表'!D8"，按Enter键，生成"管理费用"的本月数：49 680元。公式编辑栏如图3-5-7所示。

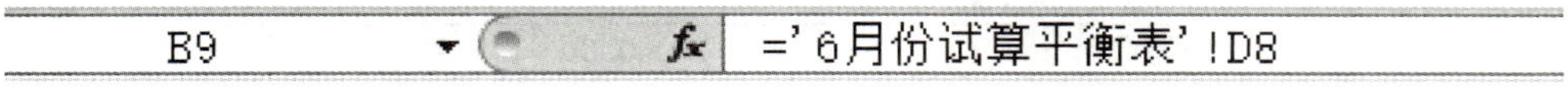

图3-5-7 "管理费用"本月数公式

⑤选择B12单元格，输入公式"=B5－B6－B7－B8－B9－B10＋B11"，按Enter键，生成"营业利润"的本月数：69 320元。公式编辑栏如图3-5-8所示。

图3-5-8 "营业利润"本月数公式

⑥选择B14单元格，输入公式"='6月份试算平衡表'!D23"，按Enter键，生成"营业外支出"的本月数：50 000元。公式编辑栏如图3-5-9所示。

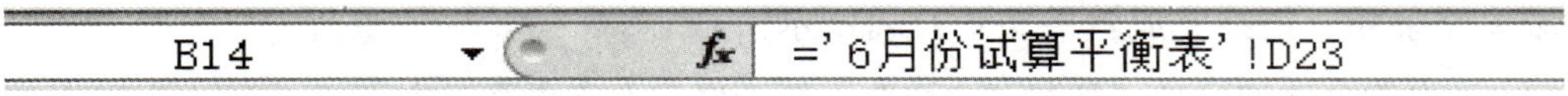

图3-5-9 "营业外支出"本月数公式

⑦选择B15单元格，输入公式"=B12＋B13－B14"，按Enter键，生成"利润总额"的本月数：19 320元。公式编辑栏如图3-5-10所示。

图3-5-10 "利润总额"本月数公式

⑧选择B16单元格，输入公式"='6月份试算平衡表'!D25"，按Enter键，生成"所得税费用"的本月数：4 830元。公式编辑栏如图3-5-11所示。

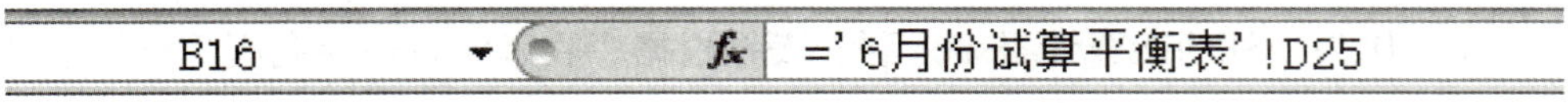

图3-5-11 "所得税费用"本月数公式

⑨选择B17单元格，输入公式"＝B15－B16"，按Enter键，生成"净利润"的本月数：14 490元。公式编辑栏如图3-5-12所示。

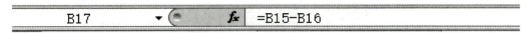

图3-5-12 "净利润"本月数公式

（6）至此，利润表中的"本月数"就全部录入完毕，其他单元格的"本月数"输入"0"，"本年累计数"略，如图3-5-13所示。

	A	B	D
1	利润表		
2			会企02表
3	编制单位：万绿食品有限公司		单位：元
4	项目	本月数	本年累计数
5	一、营业收入	150,000.00	
6	减：营业成本	30,000.00	
7	营业税金及附加	—	
8	销售费用	1,000.00	
9	管理费用	49,680.00	
10	财务费用	—	
11	加：投资收益	—	
12	二、营业利润	69,320.00	
13	加：营业外收入	—	
14	减：营业外支出	50,000.00	
15	三、利润总额	19,320.00	
16	减：所得税费用	4,830.00	
17	四、净利润	14,490.00	

图3-5-13 本月数公式输入完成效果

（7）在第18行输入单位负责人、会计主管和制表人等数据，按照表格样式所示对相关的重要文字加粗。最终完成效果如图3-5-1所示。

（8）设置合适的行高、列宽和页边距，使表格看上去美观、大方，完成后单击"保存"按钮。

知识储备及拓展

一、利润表的内容及结构

利润表是反映企业在一定期限（年度、半年度、季度、月度）经营成果的会计报表，也称损益表。作为一种动态会计报表，利润表是根据"收入－费用＝利润"这一会计等式和收入与费用配比原则编制而成的。

二、利润表的编制说明

利润表的各项目的内容及其填列方法如下：

利润表结构有单步式和多步式两种，我国小企业采取多步式利润表。利润表各项目分为"本月数"和"本年累计数"两栏，其格式如图3-5-14所示。

图3-5-14　多步式利润表格式

1. 利润表项目的填列方法

"本年累计数"栏反映各项目自年初起至报告期末（月末、季末、年末）止的累计实际发生额。本栏各项目金额应根据本期利润表"本月数"加上期利润表"本年累计数"栏的数字填列。

"本月数"栏反映各项目的本月实际发生额，应根据本期各损益类科目的发生额分析填列。在编制季度利润表时，应将"本月数"栏改为"上季度数"栏，反映各项目本季度实际发生额。小企业编制年度利润表时，应将"本月数"栏改为"上年数"栏，填列上年全年实际发生额。如果上年度利润表的项目名称和内容与本年度利润表的不一致，应对上年度利润表项目的名称和数字按本年度的规定进行调整，填入报表的"上年数"栏。

2. 利润表项目的内容及其填列说明

（1）"营业收入"项目，反映小企业销售商品和提供劳务所实现的收入总额。本项目应根据"主营业务收入"科目和"其他业务收入"科目的发生额合计填列。

（2）"营业成本"项目，反映小企业所销售商品的成本和所提供劳务的成本。本项目应根据"主营业务成本"科目和"其他业务成本"科目的发生额合计填列。

(3)"营业税金及附加"项目，反映小企业开展日常生产活动应负担的消费税、营业税、城市维护建设税、资源税、土地增值税、城镇土地使用税、房产税、车船税、印花税和教育费附加、矿产资源补偿费、排污费等。本项目应根据"营业税金及附加"科目的发生额填列。

(4)"销售费用"项目，反映小企业销售商品或提供劳务过程中发生的费用。本项目应根据"销售费用"科目的发生额填列。

(5)"管理费用"项目，反映小企业为组织和管理生产经营发生的其他费用。本项目应根据"管理费用"科目的发生额填列。

(6)"财务费用"项目，反映小企业为筹集生产经营所需资金发生的筹资费用。本项目应根据"财务费用"科目的发生额填列。

(7)"投资收益"项目，反映小企业股权投资取得的现金股利（或利润），债券投资取得的利息收入，处置股权投资和债券投资取得的处置价款扣除成本或账面余额、相关税费后的净额。本项目应根据"投资收益"科目的发生额填列，如为投资损失，以"—"号填列。

(8)"营业利润"项目，反映小企业当期开展日常生产经营活动实现的利润。本项目应根据营业收入扣除营业成本、营业税金及附加、销售费用、管理费用和财务费用，加上投资收益后的金额填列。如为亏损，以"—"号填列。

(9)"营业外收入"项目，反映小企业实现的各项营业外收入金额。包括：非流动资产处置净收益、政府补助、捐赠收益、盘盈收益、汇兑收益、出租包装物和商品的租金收入、逾期未退包装物押金收益、确实无法偿付的应付款项、已做坏账损失处理后又收回的应收款项、违约金收益等。本项目应根据"营业外收入"科目的发生额填列。

(10)"营业外支出"项目，反映小企业发生的各项营业外支出金额。包括：存货的盘亏、毁损、报废损失，非流动资产处置净损失，坏账损失，无法收回的长期债券投资损失，无法收回的长期股权投资损失，自然灾害等不可抗力因素造成的损失，税收滞纳金，罚金，罚款，被没收财物的损失，捐赠支出，赞助支出等。本项目应根据"营业外支出"科目的发生额填列。

(11)"利润总额"项目，反映小企业当期实现的利润总额。本项目应根据营业利润加上营业外收入减去营业外支出后的金额填列。如为亏损，以"—"号填列。

(12)"所得税费用"项目，反映小企业根据企业所得税法确定的应从当期利润总额中扣除的所得税费用。本项目应根据"所得税费用"科目的发生额填列。

(13)"净利润"项目，反映小企业当期实现的净利润。本项目根据利润总额扣除所得税费用后的金额填列。如为净亏损，以"—"号填列。

任务巩固

资料：万绿食品公司7月份的期末余额表如图3-5-15所示（保存在"知识训练"工作簿中），请根据相关资料编制万绿食品公司7月份的"利润表"。

要求：打开"知识训练"工作簿，插入一张新的工作表，并重命名为"万绿食品公司7月份利润表"，在该表中编制万绿食品公司7月份利润表，表格制作完成后，调整合适的行高、列宽和页面设置，使表格看上去美观、大方。

万绿食品有限公司试算平衡表
2017年7月31日

科目名称	期初余额		本期发生额		期末余额	
	借方	贷方	借方	贷方	借方	贷方
银行存款	376,100		704,120.00	285,350.00	794,870	
实收资本		2,115,000		100,000.00		2,215,000
库存现金	1,920		10,000.00	1,300.00	10,620	
应收账款	154,000		168,000.00	168000	154,000	
管理费用	—		107,529.91	107,529.91	—0	
应付职工薪酬		50,000	50,000.00	196,516.00		196,516
应付账款		94,800	117,000.00	117,000.00		94,800
销售费用			45,202.50	45,202.50	—	
财务费用			350.00	350.00		
短期借款		260,000	50,000.00			210,000
制造费用			74061.90476	61012.5	13,049	
累计折旧		80,000		24,858.32		104,858
固定资产	1,815,000		100,000.00		1,915,000	
原材料	59,200		100,000.00	50800	108,400	
应交税费		26,930	17,000.00	171729.3966		181,659
其他应收款			1,000.00	1,000.00		
主营业务收入		—	600,000.00	600,000.00		—
营业外收入			2,000.00	2,000.00		
主营业务成本		—	120,000.00	120,000.00	—	
库存商品	50,000		200,000.00	120,000.00	130,000.00	
生产成本	185,000		115,572.50	200,000.00	100,572.50	
营业外支出		—	50,000.00	50,000.00		
本年利润		—	602,000.00	602,000.00	—	
所得税费用		—	69,729.40	69,729.40	—	
利润分配		14,490		209188.1897		223,678
合计	¥2,641,220.00	¥2,641,220.00	¥3,303,566.22	¥3,303,566.22	¥3,226,511.90	¥3,226,511.90

图3-5-15 万绿食品有限公司试算平衡表

任务五 编制利润表

成果展示及评价

每位同学就任务的完成情况作个人学习总结。然后以小组为单位，可选择Excel电子表格、纸质文稿、演示文稿、展板或海报等形式进行展示，并推荐一名同学汇报学习成果。

1. 个人学习总结

完成情况：_____

_____

_____

遇到困难：_____

_____

_____

解决方法：_____

_____

_____

存在问题：_____

_____

_____

2. 学习任务评价表

学习任务评价表

班级：_____ 组别：_____ 姓名：_____

评价项目	项目内容及评分标准	分值	自我评价（20%）	小组评价（30%）	教师评价（50%）
职业素养	1. 能积极主动完成并上交老师布置的任务	20			
	2. 能与小组成员协作，有较强的团队意识	10			
	3. 任务实施过程是否安全、文明	10			
	4. 总结简明扼要、重点突出、思路清晰	10			
专业能力	1. 能按要求在规定时间内完成所有任务	10			
	2. 熟练跨工作表和跨工作簿引用数据	30			
	3. 表格打印（或预览）美观大方	10			
创新能力	学习过程中提出具有创新性、可行性的建议	小计			
	创新加分　　汇报加分　　团队加分	综合得分			
教师评语	指导教师签名：			年 月 日	

141

项目四
Excel 在工资管理中的应用

项目描述

工资的核算与管理是企业管理的重要组成部分，是企业进行各种费用计提的基础，直接影响产品成本的核算，同时，它的核算关系到每一位员工的切身利益。随着企业业务规模的增大，手工进行工资核算需要占用财务人员大量的精力和时间，并且容易出错，而采用 Excel 电子表格进行工资核算，可以简化每个月都需重复进行的统计工作，确保工资核算的准确性，有效提高工资的管理效率。

各个企业的工资管理制度虽然各不相同，但遵照国家有关劳动人事管理政策，一些工资的基本构成项目、制定标准大致相同。

通过本项目的学习，学生需要学会运用Excel进行工资的核算与管理。会灵活运用IF函数的嵌套功能设计公式，完成工资项目的设置，尤其是个人所得税的计算设置，学会工资数据的查询方法及汇总分析方法，进一步巩固数据清单的筛选、数据透视表知识。

项目目标

1．知识目标
（1）了解使用Excel进行工资账务处理的流程；
（2）掌握运用Excel制作员工工资表的操作方法；
（3）掌握运用Excel进行工资项目设置的方法。

2．技能目标
（1）能使用Excel表格制作员工工资结算单；
（2）能制作并打印工资发放条；
（3）能对工资数据进行查询和汇总分析。

3. 情感目标

（1）通过任务教学激发学生的学习兴趣和工作热情，并引导他们逐渐将兴趣转化为学习动机，树立自信心；

（2）培养学生会计思维方式、认真的学习态度、严谨细致的工作作风及团队合作意识。

任务一　制作工资结算单

任务描述

爸爸今天很晚才下班回到家，小崔连问是不是公司又有事忙不完要加班，有没有自己可以帮忙的地方。爸爸笑着说又到月底了，要做全公司员工的工资结算汇总表，问小崔有没有信心能做好。小崔在学校上会计综合实训时手工填过工资结算单，也使用财务软件在电脑上做过此表，所以用Excel做工资结算单应该也不难，于是就爽快地答应了。

任务目标

1．熟悉三险一金的扣除比例；
2．能使用IF和AND函数计算代扣税；
3．会制作工资结算单。

任务实施

一、规划表格样式

要完成工资结算单的制作，首先要有公司员工的基本信息，小崔根据爸爸提供的资料，先对表格进行整体规划，确定表格项目及行数、列数等信息，再逐一进行格式设置，制作出美观、实用的表格。图4-1-1所示为制作完成的"万绿食品公司工资结算单"。

万绿食品公司工资结算单

编号	部门名称	人员类别	姓名	基本工资	奖金	事假/天	病假/天	扣款/元	应发合计	失业保险	养老保险	医疗保险	住房公积金	应纳税所得额	代扣税	扣发合计	实发工资	签名
001	行政部	经理	赵华	8,000	1,200	1	0	266.67	8,933.33	44.67	714.67	178.67	1,072.00	3,423.33	237.33	2,247.33	6,686.00	
002	行政部	办公室主任	王锐	6,000	900	0	3	240.00	6,660.00	33.30	532.80	133.20	799.20	1,661.50	61.15	1,559.65	5,100.35	
003	行政部	员工	黄彩冰	3,800	900	0	0	-	4,700.00	23.50	376.00	94.00	564.00	142.50	4.28	1,061.78	3,638.23	
004	行政部	员工	黄敏玲	3,800	900	0	0	-	4,700.00	23.50	376.00	94.00	564.00	142.50	4.28	1,061.78	3,638.23	
005	行政部	员工	黄蓉	3,800	900	0	0	-	4,700.00	23.50	376.00	94.00	564.00	142.50	4.28	1,061.78	3,638.23	
006	财务部	财务主管	刘玲	6,000	1,200	1	0	200.00	7,000.00	35.00	560.00	140.00	840.00	1,925.00	87.50	1,662.50	5,337.50	
007	财务部	员工	黄玉莹	4,500	900	0	1	60.00	5,340.00	26.70	427.20	106.80	640.80	638.50	19.16	1,220.66	4,119.35	
008	财务部	员工	赖汝忍	4,500	900	0	2	120.00	5,280.00	26.40	422.40	105.60	633.60	592.00	17.76	1,205.76	4,074.24	
009	人事部	部门经理	陈明	6,000	1,200	0	0	-	7,200.00	36.00	576.00	144.00	864.00	2,080.00	103.00	1,723.00	5,477.00	
010	人事部	员工	李美珊	3,800	900	2	3	405.33	4,294.67	21.47	343.57	85.89	515.36	-171.63	-	966.30	3,328.37	
011	人事部	员工	李旭梅	3,800	900	2	0	253.33	4,446.67	22.23	355.73	88.93	533.60	-53.83	-	1,000.50	3,446.17	
012	市场部	部门经理	张宏	6,000	1,200	0	0	-	7,200.00	36.00	576.00	144.00	864.00	2,080.00	103.00	1,723.00	5,477.00	
013	市场部	员工	林智敏	3,800	900	0	0	-	4,700.00	23.50	376.00	94.00	564.00	142.50	4.28	1,061.78	3,638.23	
014	市场部	员工	刘凤醒	3,800	900	0	0	-	4,700.00	23.50	376.00	94.00	564.00	142.50	4.28	1,061.78	3,638.23	
015	市场部	员工	刘奕然	3,800	900	3	7	734.67	3,965.33	19.83	317.23	79.31	475.84	-426.87	-	892.20	3,073.13	
016	采购部	部门经理	陈辉	6,000	1,200	0	2	160.00	7,040.00	35.20	563.20	140.80	844.80	1,956.00	90.60	1,674.60	5,365.40	
017	采购部	员工	骆流苏	3,800	900	0	0	-	4,700.00	23.50	376.00	94.00	564.00	142.50	4.28	1,061.78	3,638.23	
018	采购部	员工	陶玉锋	3,800	900	1	0	126.67	4,573.33	22.87	365.87	91.47	548.80	44.33	1.33	1,030.33	3,543.00	
019	采购部	员工	王丽双	3,800	900	0	0	-	4,700.00	23.50	376.00	94.00	564.00	142.50	4.28	1,061.78	3,638.23	
020	销售部	部门经理	周强	5,000	8,800	0	0	-	13,800.00	69.00	1,104.00	276.00	1,656.00	7,195.00	884.00	3,989.00	9,811.00	
021	销售部	员工	温晓敏	2,000	6,000	0	0	-	8,000.00	40.00	640.00	160.00	960.00	2,700.00	165.00	1,965.00	6,035.00	
022	销售部	员工	吴翠芳	2,000	5,000	0	0	-	7,000.00	35.00	560.00	140.00	840.00	1,925.00	87.50	1,662.50	5,337.50	
023	销售部	员工	吴美娴	1,500	5,300	0	0	-	6,800.00	34.00	544.00	136.00	816.00	1,770.00	72.00	1,602.00	5,198.00	
024	销售部	员工	谢惠琴	1,500	4,800	0	0	-	6,300.00	31.50	504.00	126.00	756.00	1,382.50	41.48	1,458.98	4,841.03	
025	车间	车间主任	欧阳光	6,000	2,800	1	0	200.00	8,600.00	43.00	688.00	172.00	1,032.00	3,165.00	211.50	2,146.50	6,453.50	
026	车间	员工	谢振英	3,000	2,500	0	0	-	5,500.00	27.50	440.00	110.00	660.00	762.50	22.88	1,260.38	4,239.63	
027	车间	员工	叶嘉慧	3,000	2,500	0	0	-	5,500.00	27.50	440.00	110.00	660.00	762.50	22.88	1,260.38	4,239.63	
028	车间	员工	叶明丽	3,000	2,500	2	0	200.00	5,300.00	26.50	424.00	106.00	636.00	607.50	18.23	1,210.73	4,089.28	
029	车间	员工	尤晓慧	3,000	2,500	0	1	40.00	5,460.00	27.30	436.80	109.20	655.20	731.50	21.95	1,250.45	4,209.56	
030	车间	员工	余晓桃	3,000	2,500	0	0	-	5,500.00	27.50	440.00	110.00	660.00	762.50	22.88	1,260.38	4,239.63	
031	车间	员工	张桂祯	3,000	2,500	0	0	-	5,500.00	27.50	440.00	110.00	660.00	762.50	22.88	1,260.38	4,239.63	
032	车间	员工	张惠玲	3,000	2,500	1	0	100.00	5,400.00	27.00	432.00	108.00	648.00	685.00	20.55	1,235.55	4,164.45	
033	车间	员工	张立诗	3,000	2,500	1	0	100.00	5,400.00	27.00	432.00	108.00	648.00	685.00	20.55	1,235.55	4,164.45	
034	车间	员工	周惠媚	3,000	2,500	0	0	-	5,500.00	27.50	440.00	110.00	660.00	762.50	22.88	1,260.38	4,239.63	
035	车间	员工	朱霜	3,000	2,500	0	0	-	5,500.00	27.50	440.00	110.00	660.00	762.50	22.88	1,260.38	4,239.63	
036	车间	员工	邹碧琳	3,000	2,500	0	1	40.00	5,460.00	27.30	436.80	109.20	655.20	731.50	21.95	1,250.45	4,209.56	
037	车间	员工	黄晓菘	3,000	1,000	1	0	100.00	3,900.00	19.50	312.00	78.00	468.00	-477.50	-	877.50	3,022.50	
038	车间	员工	赵成	3,000	1,000	0	0	-	4,000.00	20.00	320.00	80.00	480.00	-400.00	-	900.00	3,100.00	
039	车间	员工	诸誉中	3,000	1,000	0	0	-	4,000.00	20.00	320.00	80.00	480.00	-400.00	-	900.00	3,100.00	
040	车间	员工	刘翠玲	3,000	1,000	0	1	40.00	3,960.00	19.80	316.80	79.20	475.20	-431.00	-	891.00	3,069.00	

图4-1-1 万绿食品公司工资结算单样式

二、设置表格

（1）打开“我的案例”工作簿，新建一张工作表并重命名为“工资结算单”。

（2）输入标题和第二行的内容，根据样式确定行数、列数，加网格线，如图4-1-2所示。

	A	B	C	D	E	F	G	H	I	J	K	L	M	N	O	P	Q	R	S
1	万绿食品公司工资结算单																		
2	编号	部门名称	人员类别	姓名	基本工资	奖金	事假/天	病假/天	扣款/元	应发合计	失业保险	养老保险	医疗保险	住房公积金	应纳税所得额	代扣税	扣发合计	实发工资	签名
3																			
4																			
5																			
6																			
7																			
8																			
9																			
10																			
11																			
12																			
13																			

图4-1-2 输入标题行并确定行数列数等信息

（3）设置列A至列D的单元格格式为"文本"型。

（4）根据样式，手动输入第A、E、F、G、H列的内容，设置E、F列的单元格格式为"会计专用、无小数位数、无货币符号"，设置I：R列的单元格格式为"会计专用、两位小数、无货币符号"。

（5）使用复制、粘贴功能完成B、C、D列的内容。

①打开"我的案例"工作簿中的"员工信息档案表"工作表，复制"部门名称""人员类别"和"姓名"列内容；

②将以上内容分别粘贴到"工资结算单"工作表中的B、C、D列。

（6）利用公式完成扣款项、三险一金、代扣税等项目的核算。

①选择I3单元格，设置"扣款项"的公式为：＝E3/30*1*G3+E3/30*0.4*H3，如图4-1-3所示。

| I3 | ▼ | fx | =E3/30*1*G3+E3/30*0.4*H3 |

图4-1-3 "扣款项"公式

②选择J3单元格，设置"应发合计"的公式为：＝E3+F3－I3，如图4-1-4所示。

| J3 | ▼ | fx | =E3+F3-I3 |

图4-1-4 "应发合计"公式

③选择K3单元格，设置"失业保险"的公式为：＝J3*0.005，如图4-1-5所示。

| K3 | ▼ | fx | =J3*0.005 |

图4-1-5 "失业保险"公式

④选择L3单元格，设置"养老保险"的公式为：＝J3*0.08，如图4-1-6所示。

| L3 | ▼ | fx | =J3*0.08 |

图4-1-6 "养老保险"公式

⑤选择M3单元格，设置"医疗保险"的公式为：＝J3*0.02，如图4-1-7所示。

| M3 | ▼ | fx | =J3*0.02 |

图4-1-7 "医疗保险"公式

⑥选择N3单元格，设置"住房公积金"的公式为：＝J3*0.12，如图4-1-8所示。

| N3 | ▼ | fx | =J3*0.12 |

图4-1-8 "住房公积金"公式

⑦选择O3单元格，设置"应纳税所得额"的公式为：＝J3－K3－L3－M3－N3－3500，如图4-1-9所示。

项目四 Excel在工资管理中的应用

```
O3          fx   =J3-K3-L3-M3-N3-3500
```

图4-1-9 "应纳税所得额"公式

⑧选择P3单元格,设置"代扣税"的公式为:＝IF(AND(O3>0,O3<=1500),O3*0.03,IF(AND(O3>1500,O3<=4500),O3*0.1－105,IF(AND(O3>4500,O3<=9000),O3*0.2－555,IF(AND(O3>9000,O3<=35000),O3*0.25－1005,IF(AND(O3>35000,O3<=55000),O3*0.3－2755,IF(AND(O3>55000,O3<=80000),O3*0.35－5505,IF(O3>80000,O3*0.45－13505,0)))))))，如图4-1-10所示。

```
fx   =IF(AND(O3>0,O3<=1500),O3*0.03,IF(AND(O3>1500,O3<=4500),O3*0.1-105,
     IF(AND(O3>4500,O3<=9000),O3*0.2-555,IF(AND(O3>9000,O3<=35000),O3*0.25-1005,
     IF(AND(O3>35000,O3<=55000),O3*0.3-2755,IF(AND(O3>55000,O3<=80000),O3*0.35-5505,
     IF(O3>80000,O3*0.45-13505,0)))))))
```

图4-1-10 "代扣税"公式

⑨选择Q3单元格,设置"扣发合计"的公式为:＝K3+L3+M3+N3+P3,如图4-1-11所示。

```
Q3          fx   =K3+L3+M3+N3+P3
```

图4-1-11 "扣发合计"公式

⑩选择R3单元格,设置"实发工资"的公式为:＝J3－Q3,如图4-1-12所示。

```
R3          fx   =J3-Q3
```

图4-1-12 "实发工资"公式

（7）至此,第一个员工的工资结算项目全部录入完成,如图4-1-13所示。

A	B	C	D	E	F	G	H	I	J	K	L	M	N	O	P	Q	R
								万绿食品公司工资结算单									
序号	部门名称	人员类别	姓名	基本工资	奖金	事假/天	病假/天	扣款/元	应发合计	失业保险	养老保险	医疗保险	住房公积金	应纳税所得额	代扣税	扣发合计	实发工资
001	行政部	经理	赵华	8,000	1,200	1	0	266.67	8,933.33	44.67	714.67	178.67	1,072.00	3,423.33	237.33	2,247.33	6,686.00
002	行政部	办公室主任	王锐	6,000	900	0	3										
003	行政部	员工	黄彩冰	3,800	900	0	0										
004	行政部	员工	黄敏玲	3,800	900	0	0										
005	行政部	员工	黄蓉	3,800	900	0	0										

图4-1-13 员工1的工资项目输入完成效果图

（8）使用自动柄功能完成其他行公式的输入,如图4-1-14所示。

任务一 制作工资结算单

编号	部门名称	人员类别	姓名	基本工资	奖金	事假/天	病假/天	扣款/元	应发合计	失业保险	养老保险	医疗保险	住房公积金	应纳税所得额	代扣税	扣发合计	实发工资	签名
001	行政部	经理	赵华	8,000	1,200	1	0	266.67	8,933.33	44.67	714.67	178.67	1,072.00	3,423.33	237.33	2,247.33	6,686.00	
002	行政部	办公室主任	王锐	6,000	900	0	3	240.00	6,660.00	33.30	532.80	133.20	799.20	1,661.50	61.15	1,559.65	5,100.35	
003	行政部	员工	黄彩冰	3,800	900	0	0	—	4,700.00	23.50	376.00	94.00	564.00	142.50	4.28	1,061.78	3,638.23	
004	行政部	员工	黄敏玲	3,800	900	0	0	—	4,700.00	23.50	376.00	94.00	564.00	142.50	4.28	1,061.78	3,638.23	
005	行政部	员工	黄蓉	3,800	900	0	0	—	4,700.00	23.50	376.00	94.00	564.00	142.50	4.28	1,061.78	3,638.23	
006	财务部	财务主管	刘玲	6,000	1,200	1	0	200.00	7,000.00	35.00	560.00	140.00	840.00	1,925.00	87.50	1,662.50	5,337.50	
007	财务部	员工	黄玉莹	4,500	900	0	1	60.00	5,340.00	26.70	427.20	106.80	640.80	638.50	19.16	1,220.66	4,119.35	
008	财务部	员工	赖汝忍	4,500	900	0	2	120.00	5,280.00	26.40	422.40	105.60	633.60	592.00	17.76	1,205.76	4,074.24	
009	人事部	部门经理	陈明	6,000	1,380	0	0	—	7,200.00	36.00	576.00	144.00	864.00	2,080.00	103.00	1,723.00	5,477.00	
010	人事部	员工	李美珊	3,800	900	2	3	405.33	4,294.67	21.47	343.57	85.89	515.36	-171.63	—	966.30	3,328.37	
011	人事部	员工	李旭梅	3,800	900	2	0	253.33	4,446.67	22.23	355.73	88.93	533.60	-53.83	—	1,000.50	3,446.17	
012	市场部	部门经理	张宏	6,000	1,200	0	0	—	7,200.00	36.00	576.00	144.00	864.00	2,080.00	103.00	1,723.00	5,477.00	
013	市场部	员工	林智敏	3,800	900	0	0	—	4,700.00	23.50	376.00	94.00	564.00	142.50	4.28	1,061.78	3,638.23	
014	市场部	员工	刘凤醒	3,800	900	0	0	—	4,700.00	23.50	376.00	94.00	564.00	142.50	4.28	1,061.78	3,638.23	
015	市场部	员工	刘奕然	3,800	900	3	7	734.67	3,965.33	19.83	317.23	79.31	475.84	-426.87	—	892.20	3,073.13	
016	采购部	部门经理	陈辉	6,000	1,200	0	2	160.00	7,040.00	35.20	563.20	140.80	844.80	1,956.00	90.60	1,674.60	5,365.40	
017	采购部	员工	骆流苏	3,800	900	0	0	—	4,700.00	23.50	376.00	94.00	564.00	142.50	4.28	1,061.78	3,638.23	
018	采购部	员工	陶玉锋	3,800	900	1	0	126.67	4,573.33	22.87	365.87	91.47	548.80	44.33	1.33	1,030.33	3,543.00	

图4-1-14 全部员工的工资项目输入完成效果图

（9）全文设置合适的字体、字号、行高、列宽。

（10）页面设置。

①设置纸张大小为A4，横向打印（要求所有内容均在一张A4纸内打印）。

②上、下、左、右页边距均设为0.5，居中方式为水平居中。

③打印预览并打印该工资表。

④完成后单击"保存"按钮。

知识储备及拓展

一、工资项目的设置

（1）扣款项：事假扣除当日所有基本工资，病假按当日基本工资的40%扣除。

公式＝基本工资/30×1×事假天数＋基本工资/30×0.4×病假天数

（2）应发合计：由基本工资＋奖金＋住房补贴－扣款项构成。

公式＝基本工资＋奖金－扣款项

（3）失业保险：按应发合计的1%扣除。

公式＝应发合计×0.01

（4）养老保险：按应发合计的4%扣除。

公式＝应发合计×0.04

（5）医疗保险：按应发合计的2%扣除。

公式＝应发合计×0.02

（6）住房公积金：按应发合计的12%扣除。

公式＝应发合计×0.12

（7）应纳税所得额：按应发合计－三险一金－基数3 500元构成。

公式＝（应发合计－三险一金）－3500

（8）代扣税（其中O3＝应纳税所得额）：

公式＝IF(AND(O3>0,O3<=1500),O3*0.03,IF(AND(O3>1500,O3<=4500),O3*0.1－105,IF(AND(O3>4500,O3<=9000),O3*0.2－555,IF(AND(O3>9000,O3<=35000),O3*0.25－1005,IF(AND(O3>35000,O3<=55000),O3*0.3－2755,IF(AND(O3>55000,O3<=80000),O3*0.35－5505,IF(O3>80000,O3*0.45－13505,0)))))))

（9）扣发合计：由三险一金＋代扣税构成。

公式＝三险一金＋代扣税

（10）实发合计：由应发合计－扣发合计构成。

公式＝应发合计－扣发合计

（11）个人所得税：个人所得税的免征额为3 500元。个人所得税税率表如图4-1-15所示。

个人所得税税率表

级数	全月应纳税所得额	税率	速算扣除数（元）
1	全月应纳税所得额不超过1,500元	3%	0
2	全月应纳税所得额超过1,500元至4,500元	10%	105
3	全月应纳税所得额超过4,500元至9,000元	20%	555
4	全月应纳税所得额超过9,000元至35,000元	25%	1,005
5	全月应纳税所得额超过35,000元至55,000元	30%	2,755
6	全月应纳税所得额超过55,000元至80,000元	35%	5,505
7	全月应纳税所得额超过80,000	45%	13,505

图4-1-15　个人所得税税率表

有些企业或单位是要计算住房补贴的。住房补贴按照员工类别发放，如名新工厂行政人员的住房补贴为800元，技术人员为500元，销售人员为500元，生产人员为300元。此项目数据的录入可以通过IF函数来实现。

在H3单元格插入IF函数，并设置相应参数，形成如下函数："＝IF(E3="行政人员",800,IF(E3="生产人员",300,500))"，具体如图4-1-16所示。

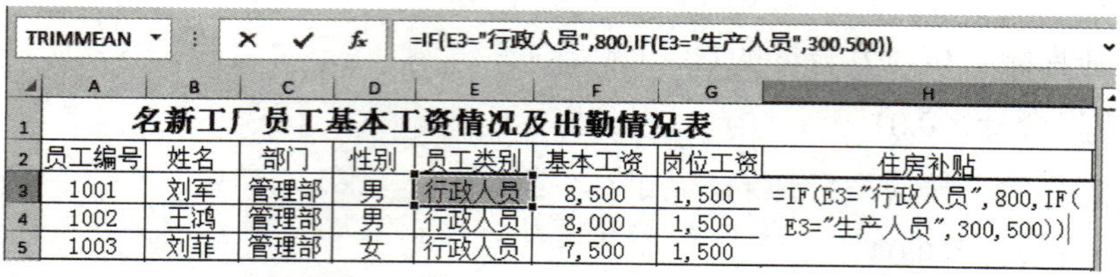

图4-1-16　设置"住房补贴"项目公式

使用自动填充柄将H3单元格的公式复制到H列其他相应单元格，结果如图4-1-17所示。

员工编号	姓名	部门	性别	员工类别	基本工资	岗位工资	住房补贴
1001	刘军	管理部	男	行政人员	8,500	1,500	800
1002	王鸿	管理部	男	行政人员	8,000	1,500	800
1003	刘菲	管理部	女	行政人员	7,500	1,500	800
2001	张丽	销售部	女	销售人员	4,000	1,000	500
2002	马勇	销售部	男	销售人员	3,000	1,000	500
2003	王薇	销售部	女	销售人员	3,000	1,000	500
2004	陈冰	销售部	女	销售人员	2,000	1,000	500
3001	李玲	生产部	女	生产人员	3,000	500	300
3002	张威	生产部	男	生产人员	3,000	500	300
3003	黄丽	生产部	女	生产人员	3,000	500	300
3003	赵颖	生产部	女	生产人员	3,000	500	300
3004	柳永	生产部	男	生产人员	3,000	500	300
3005	方力	生产部	男	生产人员	3,000	500	300
3006	白磊	生产部	男	技术人员	5,000	1,200	500

名新工厂员工基本工资情况及出勤情况表

图4-1-17 "住房补贴"项目设置结果

小知识

"住房补贴"项目要根据企业或单位的实际情况而定，设了此项目的，要根据要求做好补贴金额；没有设此项目的，则不需要做。

二、职工工资数据分类

对于大多数企业来说，每个月员工的工资额都是在一个相对稳定的范围内波动的。工资核算处理数据的基础是每个员工的各项基本工资数据。

职工工资数据按照输入频率，通常可以分为：每月相对固定的部分，如基本工资、岗位工资、住房补贴等；每月变动部分，如病假、事假、计件工资、加班费等。这两部分数据在处理方式上是不同的，即每月固定数据在工资系统使用前一次输入，方便以后长期使用，只有在升职、提薪时才会进行修改；而变动数据部分则需要在每月处理工资数据时录入工资系统中去。

三、薪资核算的特点

从计算机处理薪资管理的角度看，薪资核算主要有以下几方面的特点：
（1）薪资核算具有较强的时间限制。在保证薪资计算结果准确无误的前提下，必须严

项目四 Excel在工资管理中的应用

（2）薪资核算需要输入的数据量大、数据来源广泛，不仅包括员工的个人信息、工资核算信息，还包括生产部门提供的产量信息、工时信息及后勤部门提供的考勤记录等信息。

（3）薪资计算重复性强，数据量大。薪资计算的方法固然简单，但需要对每个员工的工资进行增减金额的计算，重复次数多，数据量大。

（4）薪资核算结果的内容广泛，不仅包括工资条、工资发放表、工资汇总表、工资统计表、工资费用分配表等信息；随着需求环境的变化，还需要输出人员工资结构分析表、个人所得税计算表及个性化的工资数据查询结果等。

任务巩固

资料：健益公司是一家生产日用清洁用品的有限公司，设有总经理、办公室、技术部、财务部、销售部、生产一车间、生产二车间7个部门。具体员工名单如图4-1-18所示。

健益公司员工名单

员工编号	姓名	性别	所属部门	员工编号	姓名	性别	所属部门
1001	杨东	男	总经理	1016	马峰	男	生产一车间
1002	齐河	男	办公室	1017	魏红	女	生产一车间
1003	刘声	女	办公室	1018	张杰	男	生产一车间
1004	张义	男	技术部	1019	董芯	女	生产一车间
1005	孙明	女	技术部	1020	黄伟	男	生产一车间
1006	刘东	男	技术部	1021	朱平	女	生产一车间
1007	陈怡	女	财务部	1022	于芳	女	生产一车间
1008	刘刚	男	财务部	1023	夏海	男	生产一车间
1009	董建	男	财务部	1024	严华	女	生产二车间
1010	王华	女	财务部	1025	佘楚	男	生产二车间
1011	高飞	男	销售部	1026	吴施	女	生产二车间
1012	谢凯	男	销售部	1027	张宁	男	生产二车间
1013	李明	女	销售部	1028	刘海	男	生产二车间
1014	李建	男	销售部	1029	余茵	女	生产二车间
1015	陈民	男	销售部	1030	钟玲	女	生产二车间

图4-1-18 健益公司员工名单

2017年该公司员工薪酬情况如下：

总经理的基本工资为8 000元，岗位工资为1 600元；办公室的基本工资为4 000元，岗位工资为1 200元；技术部的基本工资为4 800元，岗位工资为1 500元；财务部的基本工资为3 000元，岗位工资为1 300元；销售部的基本工资为2 000元，岗位工资为1 000元；生产部的基本工资为2 000元，岗位工资为900元。假设2017年12月本公司考勤表上记录的内容如下：

（1）总经理杨东加班1天；

（2）办公室员工齐河事假1天，加班2天；

（3）销售部所有员工加班2天；

（4）财务部所有员工加班1天；

（5）生产一车间员工朱平事假2天，夏海病假1天，于芳事假1天，马峰事假0.5天。

另外，全体生产部员工加班4天。加班一天按90元计算加班费，请事假按照50元一天计算，病假按20元一天计算。另外，办公室刘声出差2天，补助200元；销售部陈民、李建出差2天，各补助200元。

住房补贴，总经理按照每月900元发放，办公室每人每月按照800元发放，技术部每人每月按照750元发放，销售部每人每月按照500元发放，财务部每人每月按照500元发放，生产科每人每月按400元发放。

午餐补贴每人每月660元。

要求：打开"知识训练"工作簿，新建一张工作表，并重命名为"健益公司12月份工资结算表"，在该表上结合本任务所学知识和以上数据，为健益公司创建员工工资结算表。

任务一　制作工资结算单

成果展示及评价

每位同学就任务的完成情况作个人学习总结。然后以小组为单位，可选择Excel电子表格、纸质文稿、演示文稿、展板或海报等形式进行展示，并推荐一名同学汇报学习成果。

1. 个人学习总结

完成情况：_____
_____
_____

遇到困难：_____
_____
_____

解决方法：_____
_____
_____

存在问题：_____
_____
_____

2. 学习任务评价表

学习任务评价表

班级：　　　　　　　　　　组别：　　　　　　　　　姓名：

评价项目	项目内容及评分标准	分值	自我评价（20%）	小组评价（30%）	教师评价（50%）
职业素养	1. 能积极主动完成并上交老师布置的任务	20			
	2. 能与小组成员协作，有较强的团队意识	10			
	3. 任务实施过程是否安全、文明	10			
	4. 总结简明扼要、重点突出、思路清晰	10			
专业能力	1. 能按要求在规定时间内完成所有任务	10			
	2. 能熟练使用IF和AND函数计算代扣税等	30			
	3. 表格打印（或预览）美观大方	10			
创新能力	学习过程中提出具有创新性、可行性的建议	小计			
	创新加分　　　汇报加分　　　团队加分	综合得分			
教师评语					
	指导教师签名：				年　月　日

153

任务二　制作与打印工资条

任务描述

经过一个晚上的"加班"，小崔终于帮爸爸把公司6月份的员工工资结算单做好了，虽然有点辛苦，但能帮爸爸分忧，同时还锻炼了自己Excel表格的操作能力，再辛苦也是值得的，小崔露出了满意的笑容。但是工作还没全部做完，那就是工资发放条的制作，那么该如何制作工资发放条呢？

任务目标

1. 会运用Excel表格制作工资发放条；
2. 能打印并裁剪工资发放条。

任务实施

一、规划表格样式

工资发放时，可以根据员工的需要给每个员工下发工资发放条，因此，可以利用Excel的排序、粘贴等功能根据工资数据生成工资发放条。图4-2-1所示为制作完成的工资发放条。

图4-2-1　工资发放条样式

二、设置表格

（1）打开"我的案例"工作簿，新建一张工作表，并重命名为"工资发放条"，复制"工资结算单"工作表的工资数据到该表中，并将表格标题改为"万绿食品公司工资发放条"，如图4-2-2所示。

	A	B	C	D	E	F	G	H	I	J	K	L	M	N	O	P	Q	R	S
1							万绿食品公司工资发放条												
2	编号	部门名称	人员类别	姓名	基本工资	奖金	事假/天	病假/天	扣款/元	应发合计	失业保险	养老保险	医疗保险	住房公积金	应纳税所得额	代扣税	扣发合计	实发工资	备注
3	001	行政部	经理	赵华	8,000	1,200	1	0	266.67	8,933.33	44.67	714.67	178.67	1,072.00	3,423.33	237.33	2,247.33	6,686.00	
4	002	行政部	办公室主任	王锐	6,000	900	0	3	240.00	6,660.00	33.30	532.80	133.20	799.20	1,661.50	61.15	1,559.65	5,100.35	
5	003	行政部	员工	黄彩冰	3,800	900	0	0	—	4,700.00	23.50	376.00	94.00	564.00	142.50	4.28	1,061.78	3,638.23	
6	004	行政部	员工	黄敏玲	3,800	900	0	0	—	4,700.00	23.50	376.00	94.00	564.00	142.50	4.28	1,061.78	3,638.23	
7	005	行政部	员工	黄蓉	3,800	900	0	0	—	4,700.00	23.50	376.00	94.00	564.00	142.50	4.28	1,061.78	3,638.23	
8	006	财务部	财务主管	刘玲	6,000	1,200	0	1	200.00	7,000.00	35.00	560.00	140.00	840.00	1,925.00	87.50	1,662.50	5,337.50	
9	007	财务部	员工	黄玉莹	4,500	900	0	1	60.00	5,340.00	26.70	427.20	106.80	640.80	638.50	19.16	1,220.66	4,119.35	
10	008	财务部	员工	赖汶忍	4,500	900	0	2	120.00	5,280.00	26.40	422.40	105.60	633.60	592.00	17.76	1,205.76	4,074.24	
11	009	人事部	部门经理	陈明	6,000	1,200	0	0	—	7,200.00	36.00	576.00	144.00	864.00	2,080.00	103.00	1,723.00	5,477.00	
12	010	人事部	员工	李美娟	3,800	900	2	3	405.33	4,294.67	21.47	343.57	85.89	515.36	-171.63	—	966.30	3,328.37	

图4-2-2 复制"工资结算单"数据

（2）选择 A2：R2单元格，单击"复制"按钮，选择A43：R82单元格，单击"粘贴"按钮，效果如图4-2-3所示。

图4-2-3 复制项目行的内容

（3）在S43：S82单元格中分别输入序号1，2，3，…，40（共40个序号），在S3：S42单元格中分别输入序号1.1，2.1，3.1，…，4.1（共40个序号），删除多余的第二行数据。

（4）选择A2：81单元格，单击"数据"→"排序"选项，弹出"排序"对话框，具体设置如图4-2-4所示。

图4-2-4 "排序"对话框

（5）设置完成后，单击"确定"按钮，效果如图4-2-5所示。

	A	B	C	D	E	F	G	H	I	J	K	L	M	N	O	P	Q	R	S
1									万绿食品公司工资发放条										
2	编号	部门名称	人员类别	姓名	基本工资	奖金	事假/天	病假/天	扣款/元	应发合计	失业保险	养老保险	医疗保险	住房公积金	应纳税所得额	代扣税	扣发合计	实发工资	1
3	001	行政部	经理	赵华	8,000	1,200	1	0	266.67	8,933.33	44.67	714.67	178.67	1,072.00	3,423.33	237.33	2,247.33	6,686.00	1.1
4	编号	部门名称	人员类别	姓名	基本工资	奖金	事假/天	病假/天	扣款/元	应发合计	失业保险	养老保险	医疗保险	住房公积金	应纳税所得额	代扣税	扣发合计	实发工资	2
5	002	行政部	办公室主任	王锐	6,000	900	0	3	240.00	6,660.00	33.30	532.80	133.20	799.20	1,661.50	61.15	1,559.65	5,100.35	2.1
6	编号	部门名称	人员类别	姓名	基本工资	奖金	事假/天	病假/天	扣款/元	应发合计	失业保险	养老保险	医疗保险	住房公积金	应纳税所得额	代扣税	扣发合计	实发工资	3
7	003	行政部	员工	黄彩冰	3,800	900	0	0	—	4,700.00	23.50	376.00	94.00	564.00	142.50	4.28	1,061.78	3,638.23	3.1
8	编号	部门名称	人员类别	姓名	基本工资	奖金	事假/天	病假/天	扣款/元	应发合计	失业保险	养老保险	医疗保险	住房公积金	应纳税所得额	代扣税	扣发合计	实发工资	4
9	004	行政部	员工	黄敬玲	3,800	900	0	0	—	4,700.00	23.50	376.00	94.00	564.00	142.50	4.28	1,061.78	3,638.23	4.1
10	编号	部门名称	人员类别	姓名	基本工资	奖金	事假/天	病假/天	扣款/元	应发合计	失业保险	养老保险	医疗保险	住房公积金	应纳税所得额	代扣税	扣发合计	实发工资	5
11	005	行政部	员工	黄蓉	3,800	900	0	0	—	4,700.00	23.50	376.00	94.00	564.00	142.50	4.28	1,061.78	3,638.23	5.1
12	编号	部门名称	人员类别	姓名	基本工资	奖金	事假/天	病假/天	扣款/元	应发合计	失业保险	养老保险	医疗保险	住房公积金	应纳税所得额	代扣税	扣发合计	实发工资	6
13	006	财务部	财务主管	刘玲	6,000	1,200	1	0	200.00	7,000.00	35.00	560.00	140.00	840.00	1,925.00	87.50	1,662.50	5,337.50	6.1
14	编号	部门名称	人员类别	姓名	基本工资	奖金	事假/天	病假/天	扣款/元	应发合计	失业保险	养老保险	医疗保险	住房公积金	应纳税所得额	代扣税	扣发合计	实发工资	7
15	007	财务部	员工	黄玉莹	4,500	900	0	1	60.00	5,340.00	26.70	427.20	106.80	640.80	638.50	19.16	1,220.66	4,119.35	7.1
16	编号	部门名称	人员类别	姓名	基本工资	奖金	事假/天	病假/天	扣款/元	应发合计	失业保险	养老保险	医疗保险	住房公积金	应纳税所得额	代扣税	扣发合计	实发工资	8
17	008	财务部	员工	赖汝忍	4,500	900	0	2	120.00	5,280.00	26.40	422.40	105.60	633.60	592.00	17.76	1,205.76	4,074.24	8.1
18	编号	部门名称	人员类别	姓名	基本工资	奖金	事假/天	病假/天	扣款/元	应发合计	失业保险	养老保险	医疗保险	住房公积金	应纳税所得额	代扣税	扣发合计	实发工资	9

图4-2-5 设置完成的工资发放条

（6）删除多余的S列内容，完成后根据单元格显示内容适当调整行高、列宽、字体、字号等，完善工作表，设置纸张为A4，横向打印。至此，工资条便可能打印出来，裁剪后即可发放了。

（7）完成后单击"保存"按钮。

知识储备及拓展

每个公司或单位在发放工资前都会先发工资条，并且工资条的制作方法有多种，以下介绍另外一种制作工资条的方法。

（1）打开"知识训练"工作簿，新建一张工作表并导入工资数据，如图4-2-6所示。

	A	B	C	D	E	F	G	H	I	J	K	L	M	N	O	P
1	姓名	基本工资	奖金	事假/天	病假/天	扣款/元	应发合计	失业保险	养老保险	医疗保险	住房公积金	应纳税所得额	代扣税	扣发合计	实发工资	备注
2	赵华	8,000	1,200	1	0	266.67	8,933.33	44.67	714.67	178.67	1,072.00	3,423.33	237.33	2,247.33	6,686.00	
3	王锐	6,000	900	0	3	240.00	6,660.00	33.30	532.80	133.20	799.20	1,661.50	61.15	1,559.65	5,100.35	
4	黄彩冰	3,800	900	0	0	—	4,700.00	23.50	376.00	94.00	564.00	142.50	4.28	1,061.78	3,638.23	
5	黄敬玲	3,800	900	0	0	—	4,700.00	23.50	376.00	94.00	564.00	142.50	4.28	1,061.78	3,638.23	
6	黄蓉	3,800	900	0	0	—	4,700.00	23.50	376.00	94.00	564.00	142.50	4.28	1,061.78	3,638.23	
7	刘玲	6,000	1,200	1	0	200.00	7,000.00	35.00	560.00	140.00	840.00	1,925.00	87.50	1,662.50	5,337.50	
8	黄玉莹	4,500	900	0	1	60.00	5,340.00	26.70	427.20	106.80	640.80	638.50	19.16	1,220.66	4,119.35	
9	赖汝忍	4,500	900	0	2	120.00	5,280.00	26.40	422.40	105.60	633.60	592.00	17.76	1,205.76	4,074.24	
10	陈明	6,000	1,200	0	0	—	7,200.00	36.00	576.00	144.00	864.00	2,080.00	103.00	1,723.00	5,477.00	

图4-2-6 导入工资数据

（2）在P列"备注"列输入序号1，2，3，…，然后把刚刚输入的序号复制到该列的下

项目四 Excel 在工资管理中的应用

面，如图4-2-7所示。

	A	B	C	D	E	F	G	H	I	J	K	L	M	N	O	P
1	姓名	基本工资	奖金	事假/天	病假/天	扣款/元	应发合计	失业保险	养老保险	医疗保险	住房公积金	应纳税所得额	代扣税	扣发合计	实发工资	备注
2	赵华	8,000	1,200	1	0	266.67	8,933.33	44.67	714.67	178.67	1,072.00	3,423.33	237.33	2,247.33	6,686.00	1
3	王锐	6,000	900	0	3	240.00	6,660.00	33.30	532.80	133.20	799.20	1,661.50	61.15	1,559.65	5,100.35	2
4	黄彩冰	3,800	900	0	0	-	4,700.00	23.50	376.00	94.00	564.00	142.50	4.28	1,061.78	3,638.23	3
5	黄敬玲	3,800	900	0	0	-	4,700.00	23.50	376.00	94.00	564.00	142.50	4.28	1,061.78	3,638.23	4
6	黄蓉	3,800	900	0	0	-	4,700.00	23.50	376.00	94.00	564.00	142.50	4.28	1,061.78	3,638.23	5
7	刘玲	6,000	1,200	1	0	200.00	7,000.00	35.00	560.00	140.00	840.00	1,925.00	87.50	1,662.50	5,337.50	6
8	黄玉莹	4,500	900	0	1	60.00	5,340.00	26.70	427.20	106.80	640.80	638.50	19.16	1,220.66	4,119.35	7
9	赖汝忍	4,500	900	0	2	120.00	5,280.00	26.40	422.40	105.60	633.60	592.00	17.76	1,205.76	4,074.24	8
10	陈明	6,000	1,200	0	0	-	7,200.00	36.00	576.00	144.00	864.00	2,080.00	103.00	1,723.00	5,477.00	9
11																1
12																2
13																3
14																4
15																5
16																6
17																7
18																8
19																9

图4-2-7 输入序号

（3）选择A2:P19单元格，单击"数据"→"排序"功能，把输入的序号进行升序排序，排序后的效果如图4-2-8所示。

	A	B	C	D	E	F	G	H	I	J	K	L	M	N	O	P
1	姓名	基本工资	奖金	事假/天	病假/天	扣款/元	应发合计	失业保险	养老保险	医疗保险	住房公积金	应纳税所得额	代扣税	扣发合计	实发工资	备注
2	赵华	8,000	1,200	1	0	266.67	8,933.33	44.67	714.67	178.67	1,072.00	3,423.33	237.33	2,247.33	6,686.00	1
3																1
4	王锐	6,000	900	0	3	240.00	6,660.00	33.30	532.80	133.20	799.20	1,661.50	61.15	1,559.65	5,100.35	2
5																2
6	黄彩冰	3,800	900	0	0	-	4,700.00	23.50	376.00	94.00	564.00	142.50	4.28	1,061.78	3,638.23	3
7																3
8	黄敬玲	3,800	900	0	0	-	4,700.00	23.50	376.00	94.00	564.00	142.50	4.28	1,061.78	3,638.23	4
9																4
10	黄蓉	3,800	900	0	0	-	4,700.00	23.50	376.00	94.00	564.00	142.50	4.28	1,061.78	3,638.23	5
11																5
12	刘玲	6,000	1,200	1	0	200.00	7,000.00	35.00	560.00	140.00	840.00	1,925.00	87.50	1,662.50	5,337.50	6
13																6
14	黄玉莹	4,500	900	0	1	60.00	5,340.00	26.70	427.20	106.80	640.80	638.50	19.16	1,220.66	4,119.35	7
15																7
16	赖汝忍	4,500	900	0	2	120.00	5,280.00	26.40	422.40	105.60	633.60	592.00	17.76	1,205.76	4,074.24	8
17																8
18	陈明	6,000	1,200	0	0	-	7,200.00	36.00	576.00	144.00	864.00	2,080.00	103.00	1,723.00	5,477.00	9
19																9

图4-2-8 对序号进行升序排序

（4）完成后删除"备注"列。

（5）选择A1:O1单元格区域，按下Ctrl+C组合键，复制第一行的数据，然后单击工作表任意一单元格，再按Ctrl+G组合键，弹出"定位"对话框，如图4-2-9所示。

（6）在弹出的对话框中单击"定位条件"选项，设置定位条件为"空值"，如图4-2-10所示，完成后单击"确定"按钮。

任务二 制作与打印工资条

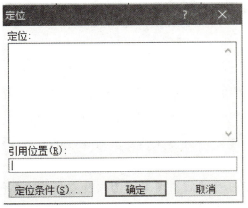

图4-2-9 弹出"定位"对话框

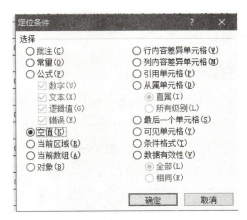

图4-2-10 设置"定位条件"

（7）此时空白区域变成浅蓝色且被选中，鼠标放在浅蓝色区域的任意一单元格，单击鼠标右键，选择"粘贴"，如图4-2-11和图4-2-12所示。

	A	B	C	D	E	F	G	H	I	J	K	L	M	N	O
1	姓名	基本工资	奖金	事假/天	病假/天	扣款/元	应发合计	失业保险	养老保险	医疗保险	住房公积金	应纳税所得额	代扣税	扣发合计	实发工资
2	赵华	8,000	1,200	1	0	266.67	8,933.33	44.67	714.67	178.67	1,072.00	3,423.33	237.33	2,247.33	6,686.00
3															
4	王锐	6,000	900	0	3	240.00	6,660.00	33.30	532.80	133.20	799.20	1,661.50	61.15	1,559.65	5,100.35
5															
6	黄彩冰	3,800	900	0	0	—	4,700.00	23.50	376.00	94.00	564.00	142.50	4.28	1,061.78	3,638.23
7															
8	黄敏玲	3,800	900	0	0	—	4,700.00	23.50	376.00	94.00	564.00	142.50	4.28	1,061.78	3,638.23
9															
10	黄蓉	3,800	900	0	0	—	4,700.00	23.50	376.00	94.00	564.00	142.50	4.28	1,061.78	3,638.23
11															
12	刘玲	6,000	1,200	1	0	200.00	7,000.00	35.00	560.00	140.00	840.00	1,925.00	87.50	1,662.50	5,337.50
13															
14	黄玉莹	4,500	900	0	1	60.00	5,340.00	26.70	427.20	106.80	640.80	638.50	19.16	1,220.66	4,119.35
15															

图4-2-11 粘贴空白行

	A	B	C	D	E	F	G	H	I	J	K	L	M	N	O
1	姓名	基本工资	奖金	事假/天	病假/天	扣款/元	应发合计	失业保险	养老保险	医疗保险	住房公积金	应纳税所得额	代扣税	扣发合计	实发工资
2	赵华	8,000	1,200	1	0	266.67	8,933.33	44.67	714.67	178.67	1,072.00	3,423.33	237.33	2,247.33	6,686.00
3	姓名	基本工资	奖金	事假/天	病假/天	扣款/元	应发合计	失业保险	养老保险	医疗保险	住房公积金	应纳税所得额	代扣税	扣发合计	实发工资
4	王锐	6,000	900	0	3	240.00	6,660.00	33.30	532.80	133.20	799.20	1,661.50	61.15	1,559.65	5,100.35
5	姓名	基本工资	奖金	事假/天	病假/天	扣款/元	应发合计	失业保险	养老保险	医疗保险	住房公积金	应纳税所得额	代扣税	扣发合计	实发工资
6	黄彩冰						4,700.00	23.50	376.00	94.00	564.00	142.50	4.28	1,061.78	3,638.23
7	姓名	基本工资	奖金	事假/天	病假/天	扣款/元	应发合计	失业保险	养老保险	医疗保险	住房公积金	应纳税所得额	代扣税	扣发合计	实发工资
8	黄敏玲	3,800	900	0	0	—	4,700.00	23.50	376.00	94.00	564.00	142.50	4.28	1,061.78	3,638.23
9	姓名	基本工资	奖金	事假/天	病假/天	扣款/元	应发合计	失业保险	养老保险	医疗保险	住房公积金	应纳税所得额	代扣税	扣发合计	实发工资
10	黄蓉	3,800	900	0	0	—	4,700.00	23.50	376.00	94.00	564.00	142.50	4.28	1,061.78	3,638.23
11	姓名	基本工资	奖金	事假/天	病假/天	扣款/元	应发合计	失业保险	养老保险	医疗保险	住房公积金	应纳税所得额	代扣税	扣发合计	实发工资
12	刘玲	6,000	1,200	1	0	200.00	7,000.00	35.00	560.00	140.00	840.00	1,925.00	87.50	1,662.50	5,337.50
13	姓名	基本工资	奖金	事假/天	病假/天	扣款/元	应发合计	失业保险	养老保险	医疗保险	住房公积金	应纳税所得额	代扣税	扣发合计	实发工资
14	黄玉莹	4,500	900	0	1	60.00	5,340.00	26.70	427.20	106.80	640.80	638.50	19.16	1,220.66	4,119.35
15	姓名	基本工资	奖金	事假/天	病假/天	扣款/元	应发合计	失业保险	养老保险	医疗保险	住房公积金	应纳税所得额	代扣税	扣发合计	实发工资
16	赖汝忍	4,500	900	0	2	120.00	5,280.00	26.40	422.40	105.60	633.60	592.00	17.76	1,205.76	4,074.24
17	姓名	基本工资	奖金	事假/天	病假/天	扣款/元	应发合计	失业保险	养老保险	医疗保险	住房公积金	应纳税所得额	代扣税	扣发合计	实发工资
18	陈明	6,000	1,200	0	0	—	7,200.00	36.00	576.00	144.00	864.00	2,080.00	103.00	1,723.00	5,477.00

图4-2-12 工资条制作完成效果

159

项目四 Excel在工资管理中的应用

（8）至此，工资条便制作完成了，再调整一下表格的行高、列宽和边框底纹就可以进行打印和发放啦！

任务巩固

资料：健益公司是一家生产日用清洁用品的有限公司，设有总经理、办公室、技术部、财务部、销售部、生产一车间、生产二车间7个部门。该公司具体工资结算情况见"知识训练"工作簿中的"健益公司12月份工资结算表"工作表中的相关内容，根据本任务所学知识，制作健益公司12月份工资发放条。

要求：打开"知识训练"工作簿，新建一张工作表，并重命名为"健益公司12月份工资发放表"，复制"健益公司12月份工资结算表"工作表中的数据到该工作表中，利用所学知识制作"工资发放条"，并调整适当的行高、列宽等单元格格式，完成后保存该表。

任务二 制作与打印工资条

成果展示及评价

每位同学就任务的完成情况作个人学习总结。然后以小组为单位，可选择Excel电子表格、纸质文稿、演示文稿、展板或海报等形式进行展示，并推荐一名同学汇报学习成果。

1. 个人学习总结

完成情况：_____
_____
_____

遇到困难：_____
_____
_____

解决方法：_____
_____
_____

存在问题：_____
_____
_____

2. 学习任务评价表

学习任务评价表

班级：　　　　　　　组别：　　　　　　　姓名：

评价项目	项目内容及评分标准	分值	自我评价（20%）	小组评价（30%）	教师评价（50%）
职业素养	1. 能积极主动完成并上交老师布置的任务	20			
	2. 能与小组成员协作，有较强的团队意识	10			
	3. 任务实施过程是否安全、文明	10			
	4. 总结简明扼要、重点突出、思路清晰	10			
专业能力	1. 能按要求在规定时间内完成所有任务	10			
	2. 能熟练使用自动筛选等功能制作工资条	30			
	3. 表格打印（或预览）美观大方	10			
创新能力	学习过程中提出具有创新性、可行性的建议	小计			
	创新加分　　　汇报加分　　　团队加分	综合得分			
教师评语	指导教师签名：				年　月　日

任务三　查询与汇总工资数据

任务描述

在薪酬管理中，企业员工的薪资数据往往很繁杂。在实际工作中，有时候为了计算本月的生产成本，需要对生产部门的员工工资进行查询或者按照一定的要求进行汇总。要正确使用Excel的筛选和数据透视功能，并能通过这两个功能对万绿食品公司12月份的员工工资数据进行查询和统计分析。

任务目标

1. 能使用筛选功能对工资表中的相关数据进行查询；
2. 能创建数据透视表、数据透视图对工资数据进行汇总分析。

任务实施

一、查询工资数据

1. 筛选设置

要查询工资表的工资数据，必须用到Excel电子表格的筛选功能。将光标移至基本工资数据表区域中任何一个单元格，然后选择“数据”选项卡→“排序和筛选”组，单击“筛选”按钮，该工资数据即进入筛选状态，如图4-3-1所示。

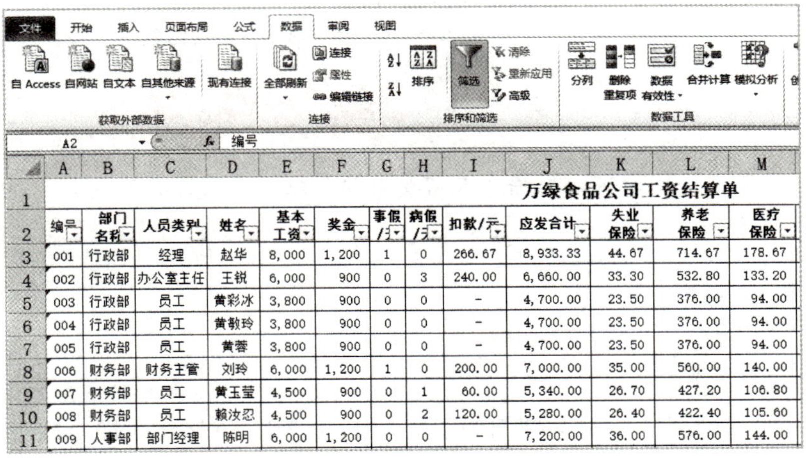

万绿食品公司工资结算单

编号	部门名称	人员类别	姓名	基本工资	奖金	事假/天	病假/天	扣款/元	应发合计	失业保险	养老保险	医疗保险
001	行政部	经理	赵华	8,000	1,200	1	0	266.67	8,933.33	44.67	714.67	178.67
002	行政部	办公室主任	王锐	6,000	900	0	3	240.00	6,660.00	33.30	532.80	133.20
003	行政部	员工	黄彩冰	3,800	900	0	0	-	4,700.00	23.50	376.00	94.00
004	行政部	员工	黄敏玲	3,800	900	0	0	-	4,700.00	23.50	376.00	94.00
005	行政部	员工	黄蓉	3,800	900	0	0	-	4,700.00	23.50	376.00	94.00
006	财务部	财务主管	刘玲	6,000	1,200	1	0	200.00	7,000.00	35.00	560.00	140.00
007	财务部	员工	黄玉莹	4,500	900	0	1	60.00	5,340.00	26.70	427.20	106.80
008	财务部	员工	赖汝忍	4,500	900	0	2	120.00	5,280.00	26.40	422.40	105.60
009	人事部	部门经理	陈明	6,000	1,200	0	0	-	7,200.00	36.00	576.00	144.00

图4-3-1　筛选状态

2. 筛选个人工资数据

（1）单击"姓名"字段右下角的下拉按钮，在弹出的下拉菜单中进行操作，可以直接在"文本筛选"下面的文本框中输入"刘玲"进行搜索，也可以把"全选"前面的√去掉，再勾选"刘玲"复选框，如图4-3-2和图4-3-3所示。

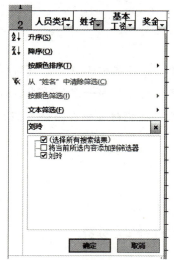
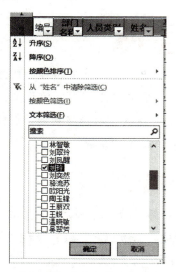

图4-3-2　个人筛选设置方法1　　　　图4-3-3　个人筛选设置方法2

（2）单击"确定"按钮，查询结果如图4-3-4所示。

				万绿食品公司工资结算单							
人员类别	姓名	基本工资	奖金	事假	病假	扣款	应发合计	失业保险	养老保险	医疗保险	住房公积金
财务主管	刘玲	6,000	1,200	1	0	200.00	7,000.00	35.00	560.00	140.00	840.00

图4-3-4　筛选结果

小 提 示

用户可以根据个人需要查询其他工资项目的信息。

二、汇总工资数据

每个月末，财务部门为了分配工资费用，都会按照部门汇总统计工资费用。在Excel中，运用数据透视表或数据透视图来汇总数，既方便快捷，又简单直观。下面学习如何运用数据透视图对万绿食品公司按部门名称对"实发工资"进行统计汇总。

（1）将光标移至基本工资数据表区域中任何一个单元格，选择"插入"选项卡→"表格"组，单击"数据透视表"命令，在弹出的下拉列表框中选择"数据透视图"选项，如图4-3-5所示。

（2）插入一张空白的数据透视图，如图4-3-6所示。

（3）选择需要统计的数据字段名。在新创建的数据透视表右侧"数据透视表字段列表"中选择"部门名称"，添加到"轴字段"框中，选择"实发工资"，添加到"数值"框中，即形成以"部门名称"为依据的"应发工资"数据透视图，如图4-3-7和图4-3-8所示。

图4-3-5 选择需要汇总的数据区域

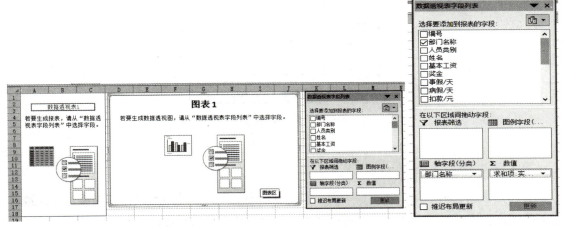

图4-3-6 插入数据透视图　　　　　　图4-3-7 拖动要添加的字段

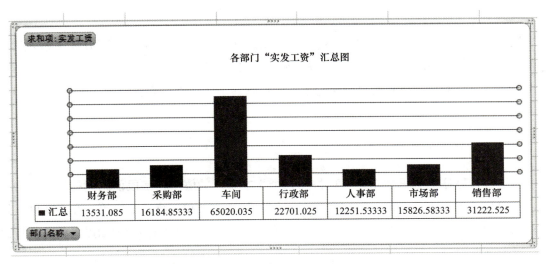

图4-3-8 各部门"实发工资"汇总图

项目四　Excel 在工资管理中的应用

小 知 识

通过更改"选择要添加到报表的字段"里的选项，可以汇总显示不同工资项目的数据透视表和数据透视图。

知识储备及拓展

工资表数据统计与分析需要用到的功能如图4-3-9所示。

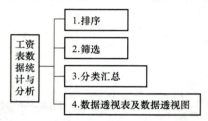

图4-3-9　工资表数据统计与分析

一、排序功能

排序是数据管理中的一项重要工作，对数据清单的不同字段进行排序，以满足不同数据分析的要求。Excel排序的方法有两种：一是利用工具栏中的排序按钮，二是利用排序命令。

二、筛选功能

用户使用数据清单时，有时并不关心所有的数据，而只对其中的一部分数据感兴趣，这就需要使用Excel提供的筛选功能。数据筛选是将符合某种条件的记录显示出来，而那些不满足筛选条件的记录将被暂时隐藏起来，一旦筛选条件撤销，这些记录将重新显示。

三、分类汇总功能

对已经排好序的数据清单，可以按照某个文本字段的值，将字段值相同的记录归为一类，并对各数据类型的字段进行统计汇总，如求平均、求和、统计个数等。在企业中，把所有职工的工资信息收集在一张表上，查看和打印都很不方便，通过Excel提供的分类汇总功能进行分类汇总，可方便查看。

四、数据透视表及数据透视图

数据透视图表功能可以准确清晰、快速透彻地进行数据查询和分析,如果很好地应用数据透视图表功能,能够极大地提高工作效率,优化工作效果。数据透视图表是一种交互的、交叉制表的Excel报表,用于对多种来源的数据进行汇总和分析,既可快速合并和比较大量的数据,也可以创建频率分布和多个不同数据维的交叉制表,也就是说,创建一个数据透视表后,可以旋转其他行和列,以看到源数据的不同汇总结果,并且可以显示不同页面的筛选数据,即根据需要显示区域中的明细数据。

任务巩固

资料:健益公司是一家生产日用清洁用品的有限公司,设有总经理、办公室、技术部、财务部、销售部、生产一车间、生产二车间7个部门。该公司具体工资结算情况见"知识训练"工作簿中的"健益公司12月份工资结算表"工作表中的相关内容,根据本任务所学知识,查询健益公司12月份部门"财务部"的工资数据,并对部门为"生产二车间"的"应发工资"进行汇总。

要求:

1. 打开"知识训练"工作簿中的"健益公司12月份工资结算表"工作表,利用筛选功能查询健益公司12月份部门为"财务部"的工资数据。

2. 打开"知识训练"工作簿中的"健益公司12月份工资结算表"工作表(取消筛选),利用插入"数据透视表"功能对部门为"生产二车间"的"应发工资"进行汇总,完成后将新生成的工作表重命名为"生产二车间'应发工资'汇总",最后单击"保存"按钮。

任务三 查询与汇总工资数据

成果展示及评价

每位同学就任务的完成情况作个人学习总结。然后以小组为单位，可选择Excel电子表格、纸质文稿、演示文稿、展板或海报等形式进行展示，并推荐一名同学汇报学习成果。

1. 个人学习总结

完成情况：_____

_____

_____

遇到困难：_____

_____

_____

解决方法：_____

_____

_____

存在问题：_____

_____

_____

2. 学习任务评价表

学习任务评价表

班级：　　　　　　　　　组别：　　　　　　　　　姓名：

评价项目	项目内容及评分标准	分值	自我评价（20%）	小组评价（30%）	教师评价（50%）
职业素养	1. 能积极主动完成并上交老师布置的任务	20			
	2. 能与小组成员协作，有较强的团队意识	10			
	3. 任务实施过程是否安全、文明	10			
	4. 总结简明扼要、重点突出、思路清晰	10			
专业能力	1. 能按要求在规定时间内完成所有任务	10			
	2. 能创建数据透视图对工资数据进行汇总分析	30			
	3. 表格打印（或预览）美观大方	10			
创新能力	学习过程中提出具有创新性、可行性的建议	小计			
	创新加分　　　汇报加分　　　团队加分	综合得分			
教师评语	指导教师签名：			年　月　日	

169

项目五 Excel 在固定资产管理中的应用

项目描述

固定资产管理涉及固定资产卡片管理、固定资产折旧计算、固定资产查询和固定资产折旧费用分析等方面知识。由于固定资产单位价值较大，使用年限较长，因此，固定资产管理在企业财务管理中占有特殊的地位。利用Excel 2010可以方便地建立固定资产卡片，并计提固定资产折旧。

项目目标

1．知识目标
（1）能利用数据有效性、IF函数、VLOOKUP函数、SUPPRODUCT函数、YEAR函数、MONTH函数等建立固定资产管理系统；
（2）掌握固定资产折旧的计算；
（3）能调用固定资产卡片。

2．技能目标
（1）能制作固定资产基本信息表；
（2）会制作固定资产折旧表；
（3）能使用函数自动生成固定资产卡片。

3．情感目标
（1）通过任务教学激发学生的学习兴趣和工作热情，并引导他们逐渐将兴趣转化为学习动机，树立自信心；
（2）培养学生会计思维方式、认真的学习态度、严谨细致的工作作风及团队合作意识。

项目五　Excel在固定资产管理中的应用

任务一　编制固定资产基础信息表

任务描述

万绿食品有限公司从成立至今，仍然没有对固定资产管理形成一套科学的台账，也没有对固定资产进行有效管理。小崔爸爸决定把这项艰巨的任务交给小崔，让小崔把公司的固定资产管理台账建起来。那么，应该从哪里入手呢？小崔觉得还是应该先温习一下以前所学的相关知识。

任务目标

1. 会编制固定资产基础信息表、固定资产折旧信息表和固定资产信息汇总表；
2. 熟练运用VLOOKUP和SUMPRODUCT函数；
3. 熟练使用数据有效性和自动填充功能。

任务实施

规划表格样式

要灵活使用固定资产台账和卡片信息，需先录入固定资产基础信息，因为基础信息的创建可以减轻固定资产清单表中手动输入相关重复项目内容的工作量，有效阻止无效输入，为固定资产清查表中的数据创建数据源列表，从而提升数据的准确性和制表速度。

1. 编制固定资产基础信息表

新建一张工作簿，命名为"固定资产管理"，在Sheet1和Sheet2工作表中分别制作图5-1-1和图5-1-2所示两个基础信息表（以下两个基础信息表内容简单明了，直接手动输入即可），并将Sheet1和Sheet2工作表分别重命名为"固定资产基础信息表"和"固定资产折旧信息表"。

任务一　编制固定资产基础信息表

部门名称	部门编码	增加方式	使用状况	折旧费用类别
行政部	1	购入	在用	管理费用
财务部	2	自建	未用	管理费用
人事部	3	投资者投入	融资租入	管理费用
市场部	4	捐赠	经营性租出	管理费用
采购部	5	内部调拨	季节性停用	管理费用
销售部	6	其他	大修理停用	销售费用
车间	7		已提足折旧	制造费用
			报废	

图5-1-1　固定资产基础信息表样式

固定资产折旧信息表

固定资产类别	类别编号	折旧年限	折旧方法
通用设备类	TYL	50	平均年限法
办公设备类	BGL	8	平均年限法
机器设备类	JQL	10	平均年限法
交通设备类	JTL	10	平均年限法

图5-1-2　固定资产折旧信息表样式

2. 编制固定资产信息汇总表（即台账表）（样式如图5-1-3所示）

固定资产信息汇总表

日期：2017年11月11日　　　　币种：人民币　　单位：元

卡片编号	固定资产编号	固定资产名称	计量单位	规格型号	固定资产类别	使用部门	使用状况	使用年限	增加方式	购置日期	资产原值	预计净残值率	预计净残值
0001	TYL11	办公楼	栋	8Wm²	通用设备类	行政部	在用	50	投资者投入	2017/1/1	4,000,000	5%	200,000
0002	TYL71	厂房	栋	50Wm²	通用设备类	车间	在用	50	自建	2017/1/1	9,000,000	5%	450,000
0003	JQL72	A生产线	条	KG-200	机器设备类	车间	在用	10	购入	2017/1/1	200,000	2%	4,000
0004	JQL73	B生产线	条	KG-300	机器设备类	车间	在用	10	投资者投入	2017/1/1	300,000	2%	6,000
0005	BGL21	台式电脑	台	联想	办公设备类	财务部	在用	8	购入	2017/1/1	5,000	3%	150
0006	BGL12	台式电脑	台	联想	办公设备类	行政部	在用	8	购入	2017/1/1	70,000	3%	2,100
0007	BGL13	台式电脑	台	联想	办公设备类	行政部	在用	8	捐赠	2017/1/1	80,000	3%	2,400
0008	BGL31	空调	台	格力	办公设备类	人事部	在用	8	购入	2017/1/1	6,000	3%	180
0009	JTL51	轿车	辆	本田	交通设备类	采购部	在用	10	捐赠	2017/2/4	200,000	3%	6,000
0010	JTL61	卡车	辆	10吨	交通设备类	销售部	在用	10	购入	2017/5/1	150,000	3%	4,500

图5-1-3　固定资产信息汇总表样式

操作步骤如下：

（1）打开"固定资产管理"工作簿，选择Sheet3工作表，并将此表重命名为"固定资产信息汇总表"。

（2）根据样式在工作表中输入标题和第二行内容，并确定该表需要的行数、列数，加边框线和底纹，如图5-1-4所示。

173

项目五 Excel在固定资产管理中的应用

固定资产信息汇总表

卡片编号	固定资产编号	固定资产名称	计量单位	规格型号	固定资产类别	使用部门	使用状况	使用年限	增加方式	购置日期	资产原值	预计净残值率	预计净残值

日期：2017年11月11日   币种：人民币   单位：元

图5-1-4 确定表格的行数、列数等信息

（3）根据样式手动输入卡片编号、固定资产名称、计量单位、规格型号、购置日期、资产原值、预计净残值率共七列内容，如图5-1-5所示。

固定资产信息汇总表

日期：2017年11月11日   币种：人民币   单位：元

卡片编号	固定资产编号	固定资产名称	计量单位	规格型号	固定资产类别	使用部门	使用状况	使用年限	增加方式	购置日期	资产原值	预计净残值率	预计净残值
0001		办公楼	栋	8Wm²						2017/1/1	4,000,000	5%	
0002		厂房	栋	50Wm²						2017/1/1	9,000,000	5%	
0003		A生产线	条	KG-200						2017/1/1	200,000	2%	
0004		B生产线	条	KG-300						2017/1/1	300,000	2%	
0005		台式电脑	台	联想						2017/1/1	5,000	3%	
0006		台式电脑	台	联想						2017/1/1	70,000	3%	
0007		台式电脑	台	联想						2017/1/1	80,000	3%	
0008		空调	台	格力						2017/1/1	6,000	3%	
0009		轿车	辆	本田						2017/2/4	200,000	3%	
0010		卡车	辆	10吨						2017/5/1	150,000	3%	

图5-1-5 手动输入基础数据

（4）选择F3单元格，使用设置数据有效性功能录入"固定资产类别"的信息，其设置对话框如图5-1-6所示，然后根据样式要求逐一选择性录入F4:F13单元格的数据内容。

（5）使用同样的方法用数据有效性功能录入使用部门、使用状况、增加方式列共三列数据的内容，如图5-1-7所示。

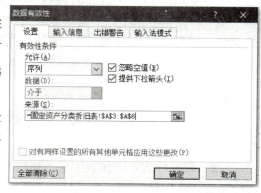

图5-1-6 设置数据有效性条件

任务一　编制固定资产基础信息表

固定资产信息汇总表

日期：2017年11月11日								币种：人民币		单位：元	
卡片编号	固定资产编号	固定资产名称	计量单位	规格型号	固定资产类别	使用部门	使用状况	使用年限	增加方式	购置日期	资产原值	预计净残值率	预计净残值
0001		办公楼	栋	8W㎡	通用设备类	行政部	在用		投资者投入	2017/1/1	4,000,000	5%	
0002		厂房	栋	50W㎡	通用设备类	车间	在用		自建	2017/1/1	9,000,000	5%	
0003		A生产线	条	KG-200	机器设备类	车间	在用		购入	2017/1/1	200,000	2%	
0004		B生产线	条	KG-300	机器设备类	车间	在用		投资者投入	2017/1/1	300,000	2%	
0005		台式电脑	台	联想	办公设备类	财务部	在用		购入	2017/1/1	5,000	3%	
0006		台式电脑	台	联想	办公设备类	行政部	在用		购入	2017/1/1	70,000	3%	
0007		台式电脑	台	联想	办公设备类	行政部	在用		捐赠	2017/1/1	80,000	3%	
0008		空调	台	格力	办公设备类	人事部	在用		购入	2017/1/1	6,000	3%	
0009		轿车	辆	本田	交通设备类	采购部	在用		捐赠	2017/2/4	200,000	3%	
0010		卡车	辆	10吨	交通设备类	销售部	在用		购入	2017/5/1	150,000	3%	

图5-1-7　使用数据有效性录入其他数据信息

（6）选择B4单元格，使用VLOOKUP和SUMPRODUCT函数录入"固定资产编号"的信息，公式设置为"＝VLOOKUP(F4,固定资产折旧信息表!A：B,2,0)&VLOOKUP(G4,固定资产基础信息表!A：B,2,0)&SUMPRODUCT(($G$4：G4＝G4)*1)"，如图5-1-8所示。使用自动拖柄完成B5：B13单元格公式的录入。

`fx  =VLOOKUP(F4,固定资产折旧信息表!A:B,2,0)&VLOOKUP(G4,固定资产基础信息表!A:B,2,0)&SUMPRODUCT(($G$4:G4=G4)*1)`

图5-1-8　使用函数录入固定资产编号

> **小提示**
>
> 表示利用字符连接符"&"将两次VLOOKUP( )函数查找出的值(TYL,1)和SUMPRODUCT( )函数返回的值1进行连接，产生一个字符数值，为TYL11。

（7）选择I4单元格，使用函数录入"使用年限"的数据，其公式设置为"＝VLOOKUP(F4,固定资产折旧信息表!A：C,3,0)"，如图5-1-9所示。使用自动拖柄完成I5：I13单元格公式的录入。

`I4  fx  =VLOOKUP(F4,固定资产折旧信息表!A:C,3,0)`

图5-1-9　使用函数录入使用年限

（8）选择N4单元格，使用公式录入"预计净残值"的数据，预计净残值等于原值乘以预计净残值率，其公式设置为"＝L4*M4"。

（9）这样，固定资产汇总信息表的基础信息数据就全部录入完毕了，如图5-1-10所示。

175

项目五 Excel在固定资产管理中的应用

固定资产信息汇总表

日期：2017年11月11日　　　　　　　　　　　　　　市种：人民币　　单位：元

卡片编号	固定资产编号	固定资产名称	计量单位	规格型号	固定资产类别	使用部门	使用状况	使用年限	增加方式	购置日期	资产原值	预计净残值率	预计净残值
0001	TYL11	办公楼	栋	8W㎡	通用设备类	行政部	在用	50	投资者投入	2017/1/1	4,000,000	5%	200,000
0002	TYL71	厂房	栋	50W㎡	通用设备类	车间	在用	50	自建	2017/1/1	9,000,000	5%	450,000
0003	JQL72	A生产线	条	KG-200	机器设备类	车间	在用	10	购入	2017/1/1	200,000	2%	4,000
0004	JQL73	B生产线	条	KG-300	机器设备类	车间	在用	10	投资者投入	2017/1/1	300,000	2%	6,000
0005	BGL21	台式电脑	台	联想	办公设备类	财务部	在用	8	购入	2017/1/1	5,000	3%	150
0006	BGL12	台式电脑	台	联想	办公设备类	行政部	在用	8	购入	2017/1/1	70,000	3%	2,100
0007	BGL13	台式电脑	台	联想	办公设备类	行政部	在用	8	捐赠	2017/1/1	80,000	3%	2,400
0008	BGL31	空调	台	格力	办公设备类	人事部	在用	8	购入	2017/1/1	6,000	3%	180
0009	JTL51	轿车	辆	本田	交通设备类	采购部	在用	10	捐赠	2017/2/4	200,000	3%	6,000
0010	JTL61	卡车	辆	10吨	交通设备类	销售部	在用	10	购入	2017/5/1	150,000	3%	4,500

图5-1-10　已录入完毕的固定资产汇总信息表

知识储备及拓展

一、对固定资产进行单独管理的必要性

固定资产由于其特殊性，在企业资产管理中处于举足轻重的地位。一般而言，其重要性体现在以下几个方面。

1. 固定资产是生产资料，是物质生产的基础

固定资产属于生产资料，生产资料是劳动者用以影响或改变劳动对象的性能或形态的物质资料，如机器设备、厂房和运输工具等。生产资料是物质生产的基础，在企业经济活动中处于十分重要的地位。

2. 固定资产单位价值高，所占资金比重大

与流动资产相比，固定资产的购置或取得，通常要花费较大的代价。在绝大多数企业中，固定资产所占的资金在其资金总额中占有较大的比重，是企业家底的"大头"。由于经济价值大的特点，固定资产对企业财务状况的反映也有很大影响，任何在固定资产计价或记录上的错误，都有可能在较大程度上改变企业真实的财务状况。

3. 固定资产的折旧计提对成本费用的影响较大

固定资产在使用过程中，它们的价值应以折旧的形式逐渐转移到产品或服务成本中去。由于固定资产的价值较大，即使其折旧计提几乎贯穿整个使用期间，在某一会计期间计入产品或服务成本中的折旧额依然较大，所以，固定资产的折旧计提方法是否合适，折

旧额的计算是否正确，将在很大程度上影响当期的成本费用水平及固定资产的净值。

4. 固定资产管理工作的难度较大，问题较多

由于企业的固定资产种类多、数量大、使用分散并且使用期限较长，在使用和管理中容易发生被遗忘、遗失、损坏或失盗等事件。

二、SUMPRODUCT ( ) 函数

含义：返回相应的数组或区域乘积的和。

语法：SUMPRODUCT(array1,array2,array3,…)

说明：数组参数必须具有相同的维数，否则，函数SUMPRODUCT将返回错误值“#VALUE!”，其将非数值型的数组元素作为0处理。array1,array2,array3,…为2～30个数组，其相应元素需要进行相乘并求和。

应用举例：以图5-1-11所示两组数为例，输入公式“＝SUMPRODUCT(A2: A6,B2: B6)”，按Enter键返回值为70，如图5-1-12所示，那么这个值是怎么得来的呢？

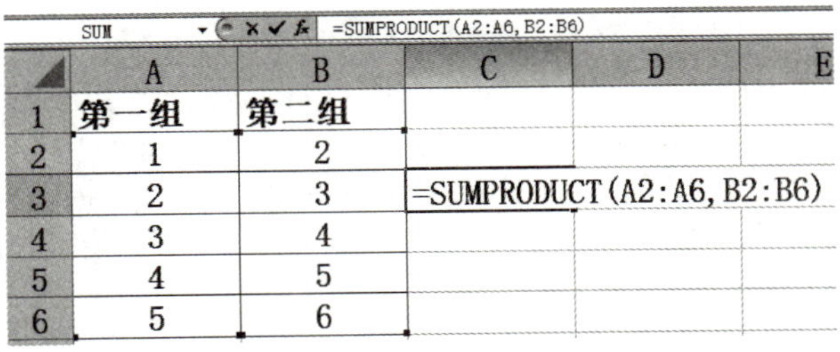
SUM　=SUMPRODUCT(A2:A6, B2:B6)

	A	B	C	D	E
1	第一组	第二组			
2	1	2			
3	2	3	=SUMPRODUCT(A2:A6, B2:B6)		
4	3	4			
5	4	5			
6	5	6			

图5-1-11　输入第一组和第二组数据信息

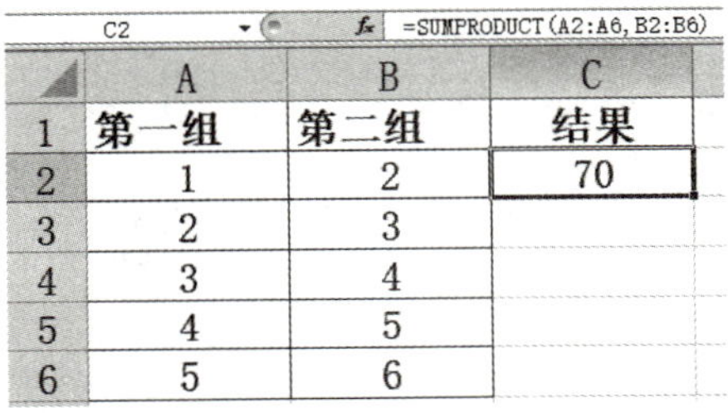
C2　=SUMPRODUCT(A2:A6, B2:B6)

	A	B	C
1	第一组	第二组	结果
2	1	2	70
3	2	3	
4	3	4	
5	4	5	
6	5	6	

图5-1-12　输入SUMPRODUCT函数公式的计算结果

首先将第一组和第二组的各行分别相乘，最后对相乘的结果进行求和，如图5-1-13和图5-1-14所示。

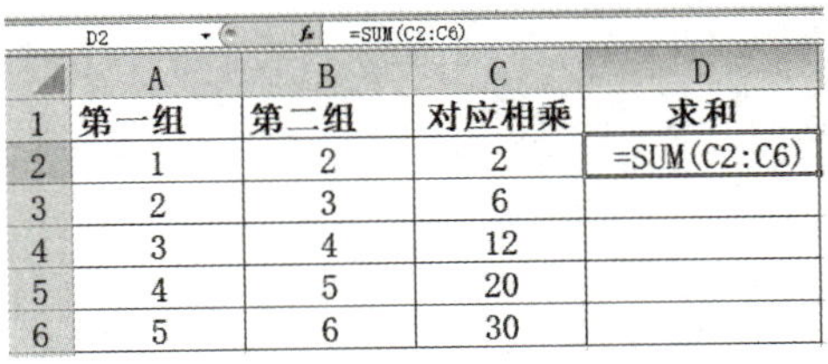
D2　=SUM(C2:C6)

	A	B	C	D
1	第一组	第二组	对应相乘	求和
2	1	2	2	=SUM(C2:C6)
3	2	3	6	
4	3	4	12	
5	4	5	20	
6	5	6	30	

图5-1-13　首先对应相乘

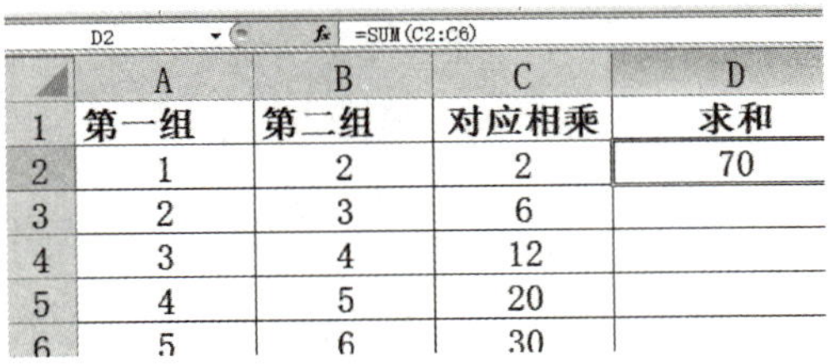
D2　=SUM(C2:C6)

	A	B	C	D
1	第一组	第二组	对应相乘	求和
2	1	2	2	70
3	2	3	6	
4	3	4	12	
5	4	5	20	
6	5	6	30	

图5-1-14　对相乘的结果进行求和

任务巩固

资料：万绿食品公司于2017年11月20日购入美的空调三台，使用部门为车间，每台5 500元，包安装，并于购买当日安装完毕投入使用。请根据以上材料在“固定资产信息汇总表”上增加台账信息。

任务一 编制固定资产基础信息表

成果展示及评价

每位同学就任务的完成情况作个人学习总结。然后以小组为单位，可选择Excel电子表格、纸质文稿、演示文稿、展板或海报等形式进行展示，并推荐一名同学汇报学习成果。

1. 个人学习总结

完成情况：_____
_____
_____

遇到困难：_____
_____
_____

解决方法：_____
_____
_____

存在问题：_____
_____
_____

2. 学习任务评价表

学习任务评价表

班级：　　　　　　　　组别：　　　　　　　　姓名：

评价项目	项目内容及评分标准	分值	自我评价（20%）	小组评价（30%）	教师评价（50%）
职业素养	1. 能积极主动完成并上交老师布置的任务	20			
	2. 能与小组成员协作，有较强的团队意识	10			
	3. 任务实施过程是否安全、文明	10			
	4. 总结简明扼要、重点突出、思路清晰	10			
专业能力	1. 能按要求在规定时间内完成所有任务	10			
	2. 能熟练使用VLOOKUP和SUMPRODUCT函数	30			
	3. 表格打印（或预览）美观大方	10			
创新能力	学习过程中提出具有创新性、可行性的建议	小计			
	创新加分　　　汇报加分　　　团队加分	综合得分			
教师评语					
	指导教师签名：			年　月　日	

任务二　编制固定资产折旧表

任务描述

小崔费了很大工夫，终于把固定资产汇总信息表的基础信息数据输入完毕，接下来要做的就是完成后面有关固定资产折旧的项目。小崔知道要计算固定资产年折旧额和已计提折旧额等项目需要使用函数录入，这样才能减轻后面的工作量。那么，如何使用Excel对固定资产进行折旧呢？

任务目标

1. 会使用函数录入年折旧率、已计提月份、已计提折旧额及本月末账面净值的数据；
2. 熟练掌握YEAR、MONTH等函数的运用；
3. 能计算固定资产折旧和编制固定资产折旧表。

任务实施

一、规划表格样式

固定资产折旧表的编制是在固定资产汇总信息表的基础信息数据输入完毕后进行的，所以这里只需要继续使用上面做好的表格就可以了。固定资产折旧表主要需要完成年折旧率、已计提月份、已计提折旧额及本月末账面净值等项目的计算。图5-2-1所示为已经制作完成的固定资产折旧表。

二、设置表格

（1）打开"固定资产管理"工作簿，新建一张工作表并重命名为"固定资产折旧表"，复制"固定资产信息汇总表"工作表的全部内容到新的工作表中。

（2）为避免输入错误，使用设置数据有效性录入O列"折旧方法"的数据，该公司的折旧方法均为"平均年限法"。数据有效性的设置条件如图5-2-2所示。

项目五　Excel在固定资产管理中的应用

卡片编号	固定资产编号	固定资产名称	计量单位	规格型号	固定资产类别	使用部门	使用状况	使用年限	增加方式	购置日期	资产原值	预计净残值率	预计净残值	折旧方法	年折旧率	年折旧额	已计提月份	已计提折旧额	本月末账面净值	折旧费用类别
0001	TTL11	办公楼	栋	8㎡*2	通用设备类	行政部	在用	50	投资者投入	2017/1/1	4,000,000	5%	200,000	平均年限法	2%	76,000	9	57,000	3,943,000.00	管理费用
0002	TTL71	厂房	栋	50㎡*2	通用设备类	车间	在用	50	自建	2017/1/1	9,000,000	5%	450,000	平均年限法	2%	171,000	9	128,250	8,871,750.00	制造费用
0003	JQL72	A生产线	条	KG-200	机器设备类	车间	在用	10	购入	2017/1/1	200,000	2%	4,000	平均年限法	10%	19,600	9	14,700	185,300.00	制造费用
0004	JQL73	B生产线	条	KG-300	机器设备类	车间	在用	10	投资者投入	2017/1/1	300,000	2%	6,000	平均年限法	10%	29,400	9	22,050	277,950.00	制造费用
0005	BGL21	台式电脑	台	联想	办公设备类	财务部	在用	8	购入	2017/1/1	5,000	3%	150	平均年限法	12%	606	9	455	4,545.31	管理费用
0006	BGL12	台式电脑	台	联想	办公设备类	行政部	在用	8	购入	2017/1/1	70,000	3%	2,100	平均年限法	12%	8,488	9	6,366	63,634.38	管理费用
0007	BGL13	台式电脑	台	联想	办公设备类	行政部	在用	8	捐赠	2017/1/1	80,000	3%	2,400	平均年限法	12%	9,700	9	7,275	72,725.00	管理费用
0008	BGL31	空调	台	格力	办公设备类	人事部	在用	8	购入	2017/1/1	6,000	3%	180	平均年限法	12%	728	9	546	5,454.38	管理费用
0009	JTL51	轿车	辆	本田	交通设备类	采购部	在用	10	捐赠	2017/2/4	200,000	3%	6,000	平均年限法	10%	19,400	8	12,933	187,066.67	管理费用
0010	JTL61	卡车	辆	10吨	交通设备类	销售部	在用	10	购入	2017/5/1	150,000	3%	4,500	平均年限法	10%	14,550	5	6,063	143,937.50	销售费用

日期：2017年11月11日　　币种：人民币　　单位：元

图5-2-1　固定资产折旧表样式

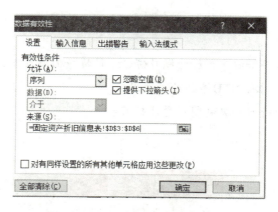

图5-2-2　设置数据有效性条件参数

（3）选择P4单元格，使用公式计算年折旧率，年折旧率＝(1－预计净残值率)/使用年限，其公式为"＝(1－M4)/I4"，如图5-2-3所示。公式输入完毕后按Enter键，P4单元格即返回值得2%，使用自动填充柄完成P5：P13单元格公式的输入。

图5-2-3　输入"年折旧率"公式

（4）选择Q4单元格，使用公式计算年折旧额，年折旧额等于资产原值*年折旧率，或等于(原值－预计净残值)/使用年限，其公式为"＝(L4－N4)/I4"。公式输入完毕后按Enter键，Q4单元格即返回值，得76 000元，使用自动填充柄完成Q5：Q13单元格公式的输入。

（5）选择R4单元格，使用IF函数计算已计提月份，其公式为"＝IF(F4＝"",""，(YEAR($C$2)－YEAR(K4))*12＋MONTH($C$2)－MONTH(K4)－1)"，如图5-2-4所示。公式输入完毕后按Enter键，R4单元格即返回值得9，使用自动填充柄完成R5：R13单元格公式的输入。

`=IF(F4="","",(YEAR($C$2)-YEAR(K4))*12+MONTH($C$2)-MONTH(K4)-1)`

图5-2-4 输入"已计提月份"公式

（6）选择S4单元格，使用IF等函数计算已计提折旧额，其公式为"=IF((Q4/12*R4)>L4,"",Q4/12*R4)"，如图5-2-5所示。公式输入完毕后按Enter键，R4单元格即返回值得57 000元，使用自动填充柄完成S5：S13单元格公式的输入。

`S4    fx =IF((Q4/12*R4)>L4,"",Q4/12*R4)`

图5-2-5 输入"已计提折旧额"公式

（7）选择T4单元格，使用IF等函数计算本月末账面净值，其公式为"=IF(S4="","",L4-S4)"，如图5-2-6所示。公式输入完毕后按Enter键，S4单元格即返回值得3 943 000元，使用自动填充柄完成T5：T13单元格公式的输入。

得3,943,000元,使用自动填充柄完成T5:T13单元格公式的输入。

`T4    fx =IF(S4="","",L4-S4)`

图5-2-6 输入"本月末账面净值"公式

（8）选择U4单元格，使用VLOOKUP函数输入折旧费用科目，其公式为"=VLOOKUP(G4,固定资产基础信息表!A:E,5,0)"，如图5-2-7所示。公式输入完毕后按Enter键，U4单元格即返回值"管理费用"，使用自动填充柄完成U5：U13单元格公式的输入。

`U4    fx =VLOOKUP(G4,固定资产基础信息表!A:E,5,0)`

图5-2-7 输入"折旧费用类别"公式

（9）至此，固定资产折旧信息就全部录入完毕了，如图5-2-8所示。

固定资产折旧表

日期：2017年11月11日　　　　　　　　　　　　　　　币种：人民币　　　单位：元

卡片编号	固定资产编号	固定资产名称	计量单位	规格型号	固定资产类别	使用部门	使用状况	使用年限	增加方式	购置日期	资产原值	预计净残值率	预计净残值	折旧方法	年折旧率	年折旧额	已计提月份	已计提折旧额	本月末账面净值	折旧费用类别
0001	TTL11	办公楼	栋	8㎡=2	通用设备类	行政部	在用	50	投资者投入	2017/1/1	4,000,000	5%	200,000	平均年限法	2%	76,000	9	57,000	3,943,000.00	管理费用
0002	TTL71	厂房	栋	50㎡=	通用设备类	车间	在用	50	自建	2017/1/1	9,000,000	5%	450,000	平均年限法	2%	171,000	9	128,250	8,871,750.00	制造费用
0003	JQL72	A生产线	条	KG-200	机器设备类	车间	在用	10	购入	2017/1/1	200,000	2%	4,000	平均年限法	10%	19,600	9	14,700	185,300.00	制造费用
0004	JQL73	B生产线	条	KG-300	机器设备类	车间	在用	10	投资者投入	2017/1/1	300,000	2%	6,000	平均年限法	10%	29,400	9	22,050	277,950.00	制造费用
0005	BGL21	台式电脑	台	联想	办公设备类	财务部	在用	8	购入	2017/1/1	5,000	3%	150	平均年限法	12%	606	9	455	4,545.31	管理费用
0006	BGL12	台式电脑	台	联想	办公设备类	行政部	在用	8	购入	2017/1/1	70,000	3%	2,100	平均年限法	12%	8,488	9	6,366	63,634.38	管理费用
0007	BGL13	台式电脑	台	联想	办公设备类	行政部	在用	8	捐赠	2017/1/1	80,000	3%	2,400	平均年限法	12%	9,700	9	7,275	72,725.00	管理费用
0008	BGL31	空调	台	格力	办公设备类	人事部	在用	8	购入	2017/1/1	6,000	3%	180	平均年限法	12%	728	9	546	5,454.38	管理费用
0009	JTL51	轿车	辆	本田	交通设备类	采购部	在用	10	捐赠	2017/2/4	200,000	3%	6,000	平均年限法	10%	19,400	8	12,933	187,066.67	管理费用
0010	JTL61	卡车	辆	10吨	交通设备类	销售部	在用	10	购入	2017/5/1	150,000	3%	4,500	平均年限法	10%	14,550	5	6,063	143,937.50	销售费用

图5-2-8 已录入完毕的固定资产折旧表

（10）调整适当的行高、列宽，设置纸张大小：A4，页面方向：横向，上下页边距：2，左右页边距：1，水平居中，完成后单击"保存"按钮。

知识储备及拓展

一、固定资产计提折旧时应注意的问题

（1）在实际工作中，企业一般应按月计提固定资产折旧。企业在实际计提固定资产折旧时，当月增加的固定资产，当月不提折旧，从下月起计提折旧；当月减少的固定资产，当月照提折旧，从下月起不提折旧。固定资产提足折旧后，不论能否继续使用，均不再计提折旧；提前报废的固定资产，也不再补提折旧。

（2）已达到预定可使用状态但尚未办理竣工决算的固定资产，应当按照估计价值确定其成本，并计提折旧；待办理竣工决算后，再按照实际成本调整原来的暂估价值，但不需要调整原已计提的折旧额。

（3）处于更新改造过程停止使用的固定资产，应将其账面价值转入在建工程，不再计提折旧。更新改造项目达到预定可使用状态而转为固定资产后，再按照重新确定的折旧方法和该项固定资产尚可使用寿命计提折旧。

（4）因进行大修理而停用的固定资产，应当照提折旧，计提的折旧额应计入相关资产成本或当期损益。

二、YEAR（）函数

（1）含义：返回某日期的年份，其结果为1900～999之间的一个整数。

（2）语法：YEAR(serial_number)

（3）解释：serial_number为一个日期值，其中包含要查找的年份。

（4）应用举例：已知员工的出生日期和入职的日期如图5-2-9和图5-2-10所示，使用YEAR函数和TODAY函数计算出员工的年龄和工龄。

任务二 编制固定资产折旧表

序号	姓名	性别	出生日期	入职时间	年龄	工龄
01	赵华	男	1980/1/29	2015/1/1	37	2
02	王锐	男	1982/12/22	2012/1/1	35	5
03	黄彩冰	女	1993/8/1	2013/1/1	24	4
04	黄敏玲	女	1993/9/26	2015/1/1	24	2
05	黄蓉	女	1993/9/13	2016/1/1	24	1
06	刘玲	女	1983/2/5	2010/1/1	34	7
07	黄玉莹	女	1991/9/10	2010/1/1	26	7
08	赖汝忍	女	1994/8/4	2013/1/1	23	4
09	陈明	男	1982/3/10	2014/1/1	35	3
10	李美珊	女	1993/10/23	2012/1/1	24	5

图5-2-9 使用函数计算员工的年龄

F2 =YEAR(TODAY())-YEAR(D2)

G2 =YEAR(TODAY())-YEAR(E2)

图5-2-10 使用函数计算员工的工龄

三、MONTH 函数

（1）含义：返回一个Variant(Integer)，其值为1～12之间的整数，表示一年中的某月。

（2）语法：MONTH(serial_number)

（3）解释：serial_number为一个日期值，其中包含要查找的月份。

（4）应用举例：如图5-2-11所示，已知员工的出生日期，使用MONTH函数计算出员工的出生月份。

F2 =MONTH(D2)

序号	姓名	性别	出生日期	入职时间	出生月份
01	赵华	男	1980/1/29	2015/1/1	1
02	王锐	男	1982/12/22	2012/1/1	12
03	黄彩冰	女	1993/8/1	2013/1/1	8
04	黄敏玲	女	1993/9/26	2015/1/1	9
05	黄蓉	女	1993/9/13	2016/1/1	9
06	刘玲	女	1983/2/5	2010/1/1	2

图5-2-11 使用函数计算员工的出生月份

项目五　Excel在固定资产管理中的应用

任务巩固

资料：万绿食品公司于2017年11月20日购入美的空调三台，使用部门为车间，每台5 500元，包安装，并于购买当日安装完毕并投入使用。

要求：根据资料，在"我的案例"→"固定资产折旧表"工作表上增加相关的折旧信息，完成后单击"保存"按钮。

任务二 编制固定资产折旧表

成果展示及评价

每位同学就任务的完成情况作个人学习总结。然后以小组为单位，可选择Excel电子表格、纸质文稿、演示文稿、展板或海报等形式进行展示，并推荐一名同学汇报学习成果。

1. 个人学习总结

完成情况：_____
_____
_____

遇到困难：_____
_____
_____

解决方法：_____
_____
_____

存在问题：_____
_____
_____

2. 学习任务评价表

学习任务评价表

班级：　　　　　　　　　　　组别：　　　　　　　　　　　姓名：

评价项目	项目内容及评分标准	分值	自我评价（20%）	小组评价（30%）	教师评价（50%）
职业素养	1. 能积极主动完成并上交老师布置的任务	20			
	2. 能与小组成员协作，有较强的团队意识	10			
	3. 任务实施过程是否安全、文明	10			
	4. 总结简明扼要、重点突出、思路清晰	10			
专业能力	1. 能按要求在规定时间内完成所有任务	10			
	2. 能使用IF等函数计提固定资产折旧	30			
	3. 表格打印（或预览）美观大方	10			
创新能力	学习过程中提出具有创新性、可行性的建议	小计			
	创新加分　　　汇报加分　　　团队加分	综合得分			
教师评语	指导教师签名：			年　月　日	

任务三　制作固定资产卡片

任务描述

小崔制作的固定资产折旧表让爸爸很满意，但是公司的每一项固定资产还需要以卡片的形式逐一登记，即制作固定资产卡片。那么，如何将固定资产折旧表的内容全部体现在卡片上呢？在输入任意一项固定资产编号时，如何自动生成其相应的固定资产数据呢？

任务目标

1. 会制作固定资产卡片；
2. 能利用公式生成固定资产卡片内容；
3. 能调用固定资产卡片信息。

任务实施

一、规划表格样式

固定资产卡片内容包括卡片编号、固定资产编号、固定资产名称、使用状况、使用年限、折旧信息等，图5-3-1所示为制作完成的卡片编号为0001的固定资产卡片（除卡片编号外，其他各项信息都是通过设置函数完成的，这样只要输入卡片编号便能自动生成相应的固定资产信息）。

二、设置表格

（1）打开"固定资产管理"工作簿，新建一张工作表并重命名为"固定资产卡片"。
（2）根据样式在工作表中输入标题和第二行内容，并确定该表需要的行数、列数，加边框线，输入卡片的基本信息，如图5-3-2所示。

项目五 Excel在固定资产管理中的应用

	A	B	C	D	E	F
1			固定资产卡片			
2					登记日期	2017年12月30日
3	卡片编号	0001	使用状况	在用	折旧方法	平均年限法
4	固定资产编号	TYL11	使用年限	50	年折旧率	2%
5	固定资产名称	办公楼	增加方式	投资者投入	年折旧额	76,000
6	计量单位	栋	购置日期	2017年1月1日	已计提月份	9
7	规格型号	8Wm2	资产原值	4,000,000	已计提折旧额	57,000
8	固定资产类别	通用设备类	预计净残值率	5%	本月末账面净值	3,943,000
9	使用部门	行政部	预计净残值	200,000	折旧费用类别	管理费用

图5-3-1   固定资产卡片样式

	A	B	C	D	E	F
1			固定资产卡片			
2					登记日期	2017年12月30日
3	卡片编号		使用状况		折旧方法	
4	固定资产编号		使用年限		年折旧率	
5	固定资产名称		增加方式		年折旧额	
6	计量单位		购置日期		已计提月份	
7	规格型号		资产原值		已计提折旧额	
8	固定资产类别		预计净残值率		本月末账面净值	
9	使用部门		预计净残值		折旧费用类别	

图5-3-2   录入卡片基本信息

（3）选择B4单元格，使用If函数和VLOOKUP函数生成固定资产编号，其公式为"＝IF(B3＝"",""，VLOOKUP(B3,固定资产折旧表!A：U,2,0))"，其含义是假如B3单元格为空，则B4单元格返回值为空，否则，B4单元格返回VLOOKUP查找出来的值，如图5-3-3所示。公式输入完毕后按Enter键，输入卡片编号：0001，则B4单元格即返回值"TYL11"。

B4	▼	fx	=IF(B3="","",VLOOKUP(B3,固定资产折旧表!A:U,2,0))

图5-3-3   录入B4单元格公式

（4）选择B5单元格，使用If函数和VLOOKUP函数生成固定资产名称，其公式为"＝IF(B4＝"",""，VLOOKUP(B4,固定资产折旧表!B：U,2,0))"，如图5-3-4所示。公式输入完毕后按Enter键，B5单元格即返回值"办公楼"。

B5	▼	fx	=IF(B4="","",VLOOKUP(B4,固定资产折旧表!B:U,2,0))

图5-3-4   录入B5单元格公式

（5）选择B6单元格，使用If函数和VLOOKUP函数生成计量单位，其公式为"＝IF(B4＝

"","",VLOOKUP(B4,固定资产折旧表!B：U,3,0))",如图5-3-5所示。公式输入完毕后按Enter键，B6单元格即返回值"栋"。

| B7 | fx | =IF(B4="","",VLOOKUP(B4,固定资产折旧表!B:U,4,0)) |

图5-3-5 录入B6单元格公式

（6）选择B7单元格，使用If函数和VLOOKUP函数生成规格型号，其公式为"=IF(B4="","",VLOOKUP(B4,固定资产折旧表!B：U,4,0))"，如图5-3-6所示。公式输入完毕后按Enter键，B7单元格即返回值"8wm2"。

| B7 | fx | =IF(B4="","",VLOOKUP(B4,固定资产折旧表!B:U,4,0)) |

图5-3-6 录入B7单元格公式

（7）选择B8单元格，使用If函数和VLOOKUP函数生成固定资产类别，其公式为"=IF(B4="","",VLOOKUP(B4,固定资产折旧表!B：U,5,0))"，如图5-3-7所示。公式输入完毕后按Enter键，B8单元格即返回值"通用设备类"。

| B8 | fx | =IF(B4="","",VLOOKUP(B4,固定资产折旧表!B:U,5,0)) |

图5-3-7 录入B8单元格公式

（8）选择B9单元格，使用If函数和VLOOKUP函数生成使用部门，其公式为"=IF(B4="","",VLOOKUP(B4,固定资产折旧表!B：U,6,0))"，如图5-3-8所示。公式输入完毕后按Enter键，B6单元格即返回值"行政部"。

| B9 | fx | =IF(B4="","",VLOOKUP(B4,固定资产折旧表!B:U,6,0)) |

图5-3-8 录入B9单元格公式

（9）选择D3单元格，使用If函数和VLOOKUP函数生成使用状况，其公式为"=IF(B4="","",VLOOKUP(B4,固定资产折旧表!B：U,7,0))"，如图5-3-9所示。公式输入完毕后按Enter键，D3单元格即返回值"在用"。

| D3 | fx | =IF(B4="","",VLOOKUP(B4,固定资产折旧表!B:U,7,0)) |

图5-3-9 录入D3单元格公式

（10）选择D4单元格，使用If函数和VLOOKUP函数生成使用年限，其公式为"=IF(B4="","",VLOOKUP(B4,固定资产折旧表!B：U,8,0))"，如图5-3-10所示。公式输入完毕后按Enter键，D4单元格即返回值"50"。

| D4 | fx | =IF(B4="","",VLOOKUP(B4,固定资产折旧表!B:U,8,0)) |

图5-3-10 录入D4单元格公式

（11）选择D5单元格，使用If函数和VLOOKUP函数生成增加方式，其公式为"=

项目五　Excel在固定资产管理中的应用

IF(B4="","",VLOOKUP(B4,固定资产折旧表!B：U,9,0))"，如图5-3-11所示。公式输入完毕后按Enter键，D5单元格即返回值"投资者投入"。

| D5 | fx | =IF(B4="","",VLOOKUP(B4,固定资产折旧表!B:U,9,0)) |

图5-3-11　录入D5单元格公式

（12）选择D6单元格，使用If函数和VLOOKUP函数生成购置日期，其公式为"=IF(B4="","",VLOOKUP(B4,固定资产折旧表!B：U,10,0))"，如图5-3-12所示。公式输入完毕后按Enter键，B6单元格即返回值"2017年1月1日"。

| D6 | fx | =IF(B4="","",VLOOKUP(B4,固定资产折旧表!B:U,10,0)) |

图5-3-12　录入D6单元格公式

（13）选择D7单元格，使用If函数和VLOOKUP函数生成资产原值，其公式为"=IF(B4="","",VLOOKUP(B4,固定资产折旧表!B：U,11,0))"，如图5-3-13所示。公式输入完毕后按Enter键，D7单元格即返回值"4 000 000"。

| D7 | fx | =IF(B4="","",VLOOKUP(B4,固定资产折旧表!B:U,11,0)) |

图5-3-13　录入D7单元格公式

（14）选择D8单元格，使用If函数和VLOOKUP函数生成预计净残值率，其公式为"=IF(B4="","",VLOOKUP(B4,固定资产折旧表!B：U,12,0))"，如图5-3-14所示。公式输入完毕后按Enter键，D8单元格即返回值"5%"。

| D8 | fx | =IF(B4="","",VLOOKUP(B4,固定资产折旧表!B:U,12,0)) |

图5-3-14　录入D8单元格公式

（15）选择D9单元格，使用If函数和VLOOKUP函数生成预计净残值，其公式为"=IF(B4="","",VLOOKUP(B4,固定资产折旧表!B：U,13,0))"，如图5-3-15所示。公式输入完毕后按Enter键，D9单元格即返回值"200 000"。

| D9 | fx | =IF(B4="","",VLOOKUP(B4,固定资产折旧表!B:U,13,0)) |

图5-3-15　录入D9单元格公式

（16）选择F3单元格，使用If函数和VLOOKUP函数生成折旧方法，其公式为"=IF(B4="","",VLOOKUP(B4,固定资产折旧表!B：U,14,0))"，如图5-3-16所示。公式输入完毕后按Enter键，F3单元格即返回值"平均年限法"。

| F3 | fx | =IF(B4="","",VLOOKUP(B4,固定资产折旧表!B:U,14,0)) |

图5-3-16　录入F3单元格公式

任务三　制作固定资产卡片

（17）选择F4单元格，使用If函数和VLOOKUP函数生成年折旧率，其公式为"＝IF(B4="",""，VLOOKUP(B4,固定资产折旧表!B:U,15,0))"，如图5-3-17所示。公式输入完毕后按Enter键，F4单元格即返回值"2%"。

| F4 | ▼ | (| fx | =IF(B4="","",VLOOKUP(B4,固定资产折旧表!B:U,15,0)) |

图5-3-17　录入F4单元格公式

（18）选择F5单元格，使用If函数和VLOOKUP函数生成年折旧额，其公式为"＝IF(B4="",""，VLOOKUP(B4,固定资产折旧表!B:U,16,0))"，如图5-3-18所示。公式输入完毕后按Enter键，F5单元格即返回值"76 000"。

| F5 | ▼ | (| fx | =IF(B4="","",VLOOKUP(B4,固定资产折旧表!B:U,16,0)) |

图5-3-18　录入F5单元格公式

（19）选择F6单元格，使用If函数和VLOOKUP函数生成已计提月份，其公式为"＝IF(B4="",""，VLOOKUP(B4,固定资产折旧表!B:U,17,0))"，如图5-3-19所示。公式输入完毕后按Enter键，F6单元格即返回值"9"。

| F6 | ▼ | (| fx | =IF(B4="","",VLOOKUP(B4,固定资产折旧表!B:U,17,0)) |

图5-3-19　录入F6单元格公式

（20）选择F7单元格，使用If函数和VLOOKUP函数生成已计提折旧额，其公式为"＝IF(B4="",""，VLOOKUP(B4,固定资产折旧表!B:U,18,0))"，如图5-3-20所示。公式输入完毕后按Enter键，F7单元格即返回值"57 000"。

| F7 | ▼ | (| fx | =IF(B4="","",VLOOKUP(B4,固定资产折旧表!B:U,18,0)) |

图5-3-20　录入F7单元格公式

（21）选择F8单元格，使用If函数和VLOOKUP函数生成本月末账面净值，其公式为"＝IF(B4="",""，VLOOKUP(B4,固定资产折旧表!B:U,19,0))"，如图5-3-21所示。公式输入完毕后按Enter键，F8单元格即返回值"3 943 000"。

| F8 | ▼ | (| fx | =IF(B4="","",VLOOKUP(B4,固定资产折旧表!B:U,19,0)) |

图5-3-21　录入F8单元格公式

（22）选择F9单元格，使用If函数和VLOOKUP函数生成折旧费用类别，其公式为"＝IF(B4="",""，VLOOKUP(B4,固定资产折旧表!B:U,20,0))"，如图5-3-22所示。公式输入完毕后按Enter键，F9单元格即返回值"管理费用"。

| F9 | ▼ | (| fx | =IF(B4="","",VLOOKUP(B4,固定资产折旧表!B:U,20,0)) |

图5-3-22　录入F9单元格公式

项目五 Excel在固定资产管理中的应用

（23）至此，卡片编号为0001的固定资产卡片信息已全部录入完毕。这时将卡片编号改为0002，固定资产卡片信息就会相应发生改变，如图5-3-23所示。

固定资产卡片

登记日期 2018年1月25日

卡片编号	0002	使用状况	在用	折旧方法	平均年限法
固定资产编号	TYL71	使用年限	30	年折旧率	2%
固定资产名称	厂房	增加方式	自建	年折旧额	171,000
计量单位	栋	购置日期	2017年1月1日	已计提月份	9
规格型号	50W m2	资产原值	9,000,000	已计提折旧额	128,250
固定资产类别	通用设备类	预计净残值率	5%	本月末账面净值	8,871,750
使用部门	车间	预计净残值	450,000	折旧费用类别	制造费用

图5-3-23 卡片编号为0002的卡片信息

（24）设置行高：40，列宽：20，设置上、下、左、右页边距：2，纸张大小：A4，页面方向：横向，水平居中，完成后单击"保存"按钮。

知识储备及拓展

企业应当根据与固定资产有关的经济利益的预期实现方式，合理选择折旧方法。根据我国企业会计准则的规定，可选用的折旧方法包括平均年限法、工作量法、双倍余额递减法和年数总和法等。企业选用不同的固定资产折旧方法，将影响固定资产使用寿命期间内不同时期的折旧费用，因此，固定资产的折旧方法一经确定，不得随意变更。

一、平均年限法

1. 概念

平均年限法又称直线折旧法，是将固定资产折旧均衡地分摊到各期的一种方法。

2. 计算公式

$$年折旧额 = \frac{1-净残值率}{预计使用年限} \times 100\%$$

$$年折旧额 = 固定资产原值 \times 年折旧率$$

3. 折旧函数

在Excel 2010中，直线折旧函数为SLN函数，其语法如下。

语法：SLN(cost,salvage,life)

其中各个参数的意义如下。

（1）cost：固定资产原值；

（2）salvage：固定资产预计净残值；

（3）life：固定资产折旧年限。

二、双倍余额递减法

1. 概念

双倍余额递减法是在不考虑固定资产预计净残值的情况下，将每期固定资产的期初账面净值乘以一个固定不变的百分率，计算折旧额的一种加速折旧的方法。

2. 计算公式

$$年折旧额 = \frac{2}{预计使用年限} \times 100\%$$

$$年折旧额 = 固定资产账面余额 \times 年折旧率$$

$$月折旧率 = 年折旧率 \div 12$$

$$月折旧额 = 年折旧额 \div 12$$

3. 折旧函数

在Excel 2010中，双倍余额递减法的折旧函数为DDB函数，其语法如下。

语法：DDB(cost,salvage,life,period,factor)

其中各个参数的意义如下。

（1）cost：固定资产原值；

（2）salvage：固定资产预计净残值；

（3）life：固定资产的折旧年限；

（4）period：需要计提折旧的期间，若该参数为1，则表示需要计算的是第一年的折旧额；

（5）factor：余额递减速率，如果被省略，则为双倍余额递减，即默认为2。

三、年数总和法

1. 概念

年数总和法又称合计年限法，是将固定资产的原值减去预计净残值后的净额乘以一个逐年递减的分数计算每年的折旧额，这个分数的分子代表固定资产尚可使用的年数，分母代表使用年数的逐年数字总和。

2. 计算公式

$$固定资产年折旧额 = \frac{预计使用年限 - 已使用年限}{预计使用年限} \times \frac{2}{预计使用年限 + 1}$$

$$固定资产年折旧额 = （固定资产原值 - 预计净残值）\times 年折旧率$$

3. 折旧函数

在Excel 2010中，年数总和法函数是SYD函数，其语法如下。

语法：SYD(cost,salvage,life,per)

其中各个参数的意义如下。

（1）cost：固定资产原值；

（2）salvage：固定资产预计净残值；

（3）life：固定资产折旧年限；

（4）per：需要计提折旧的期间，若该参数为1，即计算的是第一年的折旧额，其单位与life参数相同。

四、应用举例

假设某公司有一台机器设备，原价为100 000元，预计使用年限为10年，净残值率为3%，利用以上平均年限法、双倍余额递减法和年数总和法分别计算折旧额，计算公式及结果见表5-3-1。

表5-3-1　折旧计算表

折旧函数	公式	结果
SLN（平均年限法）	=SLN(A2,B2,C2)	每年计提的折旧额：7 000
DDB（双倍余额递减法）	=DDB(A2,B2,C2*365,1)	第一天应计提的折旧额：54.79
	=DDB(A2,B2,C2*12,1,2)	第一个月应计提的折旧额：1 667.67
	=DDB(A2,B2,C2,1,2)	第一年应计提的折旧额：20 000
	=DDB(A2,B2,C2,2,2)	第二年应计提的折旧额：16 000
	=DDB(A2,B2,C2,3,2)	第三年应计提的折旧额：12 800
SYD（年数总和法）	=SYD(A2,B2,C2,1)	第一年应计提的折旧额：12 727.27
	=SYD(A2,B2,C2,2)	第二年应计提的折旧额：11 454.55

任务巩固

资料：某公司有一台机器设备，原值为200 000元，预计使用寿命为12年，预计净残值率为5%。

要求：在"知识训练"工作簿上新建一张工作表并重命名为"折旧计算表"，在该表上分别利用SLN、DDB和SYD折旧函数对以上资料进行折旧计算，并比较计算结果的不同。完成后单击"保存"按钮。

任务三　制作固定资产卡片

成果展示及评价

每位同学就任务的完成情况作个人学习总结。然后以小组为单位，可选择Excel电子表格、纸质文稿、演示文稿、展板或海报等形式进行展示，并推荐一名同学汇报学习成果。

1. 个人学习总结

完成情况：_____

_____

_____

遇到困难：_____

_____

_____

解决方法：_____

_____

_____

存在问题：_____

_____

_____

2. 学习任务评价表

学习任务评价表

班级：　　　　　　　　　　　组别：　　　　　　　　　　　姓名：

评价项目	项目内容及评分标准	分值	自我评价（20%）	小组评价（30%）	教师评价（50%）
职业素养	1. 能积极主动完成并上交老师布置的任务	20			
	2. 能与小组成员协作，有较强的团队意识	10			
	3. 任务实施过程是否安全、文明	10			
	4. 总结简明扼要、重点突出、思路清晰	10			
专业能力	1. 能按要求在规定时间内完成所有任务	10			
	2. 能使用IF等函数生成固定资产卡片	30			
	3. 表格打印(或预览)美观大方	10			
创新能力	学习过程中提出具有创新性、可行性的建议	小计			
	创新加分　　汇报加分　　团队加分	综合得分			
教师评语					

指导教师签名：　　　　　　　　　　　　　　　　年　月　日

项目六 Excel 在购销存管理的应用

项目描述

材料核算在工业企业中占据着至关重要的位置，它是成本核算的基础。材料成本是产品成本的主体，正确地核算成本能够保障企业最终收益的准确计算，而及时地核算成本则是按时创建报表的基础。对于多数的中小型企业来说，更适合使用自己开发、编制的材料核算系统，一方面操作简便，另一方面，可以随时整理和完善，并不断地增添新的核算项目。

企业利用Excel进行购销存管理，需要以材料、产品的出入库的基本单据为依据，通过设计各种表格以满足日常账务管理的需求，如材料代码表、供货商代码表、产品代码表、出入库表等。

项目目标

1．知识目标

（1）能建立购销存管理系统；
（2）能熟练使用IF函数、VLOOKUP函数、ISNA函数等；
（3）能快速、准确地输入和编辑数据。

2．技能目标

（1）能快速编制购销存管理系统的基本信息表；
（2）能制作材料的入库表；
（3）能制作材料的出库表。

3．情感目标

（1）通过任务教学激发学生的学习兴趣和工作热情，并引导他们逐渐将兴趣转化为学习动机，树立自信心；
（2）培养学生会计思维方式、认真的学习态度、严谨细致的工作作风及团队合作意识。

项目六 Excel 在购销存管理的应用

任务一　编制购销存系统基本信息表

任务描述

万绿食品有限公司从成立至今，仍然没有对购销存系统进行系统、科学管理。小崔爸爸仍然决定把这项艰巨的任务交给小崔，让小崔帮忙把公司的购销存管理系统建起来。要想做好购销存管理，首先要建好购销存系统基本信息表。

任务目标

1. 熟练使用数据有效性和自动填充等功能；
2. 能快速、准确地输入各种数据；
3. 会编制基础材料代码表、供货商代码表、产品代码表等基本表格。

任务实施

一、规划表格样式

基础材料代码表、供应商代码表、产品代码表均为购销存业务的基本信息表格，为后面表格的设置提供基本数据应用。同时，独立的表格有利于各自信息的修订，更是符合企业日常的真实性需要。在制作表格前，首先需要对表格进行整体规划，确定表格项目、内容等信息，再逐一进行格式设置，制作出美观、实用的表格。图6-1-1～图6-1-3所示为制作完成的基础材料代码表、供货商代码表和产品代码表。

	A	B	C	D
1	材料代码	材料名称	规　　格	计量单位
2	CL-101	甲材料	GB9683	千克
3	CL-102	乙材料	GB9684	千克
4	CL-103	丙材料	GB9685	千克
5	CL-104	丁材料	GB9686	千克
6	CL-105	辅助材料一	GB2000	千克
7	CL-106	辅助材料二	GB2001	千克
8	CL-107	辅助材料三	GB2002	千克
9	CL-108	辅助材料四	GB2003	两
10	CL-109	辅助材料五	GB2004	千克
11	CL-110	辅助材料六	GB2005	千克
12	CL-111	辅助材料七	GB2006	千克
13	CL-112	辅助材料八	GB2007	两

图6-1-1　基础材料代码表

任务一　编制购销存系统基本信息表

	A	B
1	代码	材料商品名称
2	GHDW-101	大洪公司
3	GHDW-102	东和食品公司
4	GHDW-103	华成工厂
5	GHDW-104	益福工厂
6	GHDW-105	长富工厂
7	GHDW-106	泰和工厂
8	GHDW-107	喜华食品公司
9	GHDW-108	昊力公司
10	GHDW-109	红果乳业有限公司
11	GHDW-110	润祥糖厂

图6-1-2　供货商代码表

	A	B
1	代码	产品名称
2	XHDW-101	A产品
3	XHDW-102	B产品
4	XHDW-103	C产品
5	XHDW-104	D产品
6	XHDW-105	E产品
7	XHDW-106	F产品
8	XHDW-107	G产品

图6-1-3　产品代码表

二、新建工作簿和工作表

新建一张工作簿，命名为"购销存管理"，在Sheet1、Sheet2和Sheet3工作表中分别制作以上三个基础信息表，并将Sheet1、Sheet2和Sheet3工作表分别重命名为"基础材料代码""供货商代码"和"产品代码"，如图6-1-4所示。

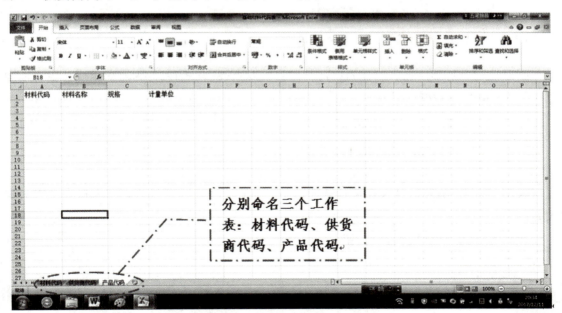

图6-1-4　创建工作簿和重命名工作表

三、输入材料代码、供货商代码和产品代码

（1）打开"材料代码"工作表，选择A2:A3单元格，单击"设置单元格格式"，出现

"设置单元格格式"对话框,相关设置如图6-1-5所示。

(2)单击"确定"按钮,这时在A2:A13单元格直接输入101～112即可出现代码为GL-101:GL-112的代码,如图6-1-6所示。

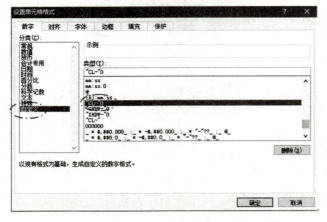

图6-1-5 设置代码名称　　　　　　图6-1-6 输入代码编号

(3)用相同的方法输入供货商代码和产品代码。

四、输入其他数据

因以上三个基础信息表制作简单,其内容可以直接手动输入,为避免错误,也可以通过"数据有效性"功能选择输入。输入过程在此不再赘述。

五、设置单元格格式

(1)为三个基础信息表设置合适的行高、列宽、字体和字号等,使表格看上去美观大方;

(2)完成后单击"保存"按钮。

任务巩固

资料:某公司的材料代码表、供货商代码表、产品代码表如图6-1-7～图6-1-9所示,请根据要求完成三个表的编制。

要求:

(1)打开"知识训练"工作簿,新建三张工作表,分别重命名为"材料代码""供货商代码"和"产品代码"。

（2）根据图6-1-7～图6-1-9所示样式分别在三张工作表中输入"材料代码""供货商代码"和"产品代码"的基本信息。

（3）调整合适的行高、列宽和页面设置等，使表格看上去美观大方。

（4）完成后单击"保存"按钮。

	A	B	C	D
1			材料代码	
2	材料代码	材料名称	规　格	计量单位
3	CL-101	纳盐	DFE-005	吨
4	CL-102	硫酸	DFE-006	吨
5	CL-103	盐酸	DFE-007	吨
6	CL-104	氨基磺酸	DFE-008	吨
7	CL-105	纤维素	DFE-009	吨
8	CL-106	硅酸钠	DFE-010	吨
9	CL-107	红糖	DFE-011	吨
10	CL-108	矾石	DFE-012	吨
11	CL-109	石膏粉	DFE-013	吨
12	CL-110	编织袋	DFE-014	吨
13	CL-111	辅料	DFE-015	吨
14	CL-112	氧气	DFE-016	M3

图6-1-7　材料代码表

	A	B
1	供货商代码	
2	代码	材料商品名称
3	GHDW-101	材料供货商1
4	GHDW-102	材料供货商2
5	GHDW-103	材料供货商3
6	GHDW-104	材料供货商4
7	GHDW-105	材料供货商5
8	GHDW-106	材料供货商6
9	GHDW-107	材料供货商7
10	GHDW-108	材料供货商8
11	GHDW-109	材料供货商9
12	GHDW-110	材料供货商10
13	GHDW-111	材料供货商11
14	GHDW-112	材料供货商12
15	GHDW-113	材料供货商13
16	GHDW-114	材料供货商14
17	GHDW-115	材料供货商15
18	GHDW-116	材料供货商16
19	GHDW-117	材料供货商17
20	GHDW-118	材料供货商18
21	GHDW-119	材料供货商19

图6-1-8　供货商代码表

	A	B
1	产品代码	
2	代码	产品名称
3	XHDW-101	产品1
4	XHDW-102	产品2
5	XHDW-103	产品3
6	XHDW-104	产品4
7	XHDW-105	产品5
8	XHDW-106	产品6
9	XHDW-107	产品7
10	XHDW-108	产品8
11	XHDW-109	产品9
12	XHDW-110	产品10
13	XHDW-111	产品11
14	XHDW-112	产品12
15	XHDW-113	产品13
16	XHDW-114	产品14
17	XHDW-115	产品15
18	XHDW-116	产品16
19	XHDW-117	产品17
20	XHDW-118	产品18
21	XHDW-119	产品19

图6-1-9　产品代码表

成果展示及评价

每位同学就任务的完成情况作个人学习总结。然后以小组为单位,可选择Excel电子表格、纸质文稿、演示文稿、展板或海报等形式进行展示,并推荐一名同学汇报学习成果。

1. 个人学习总结

完成情况:_____
_____
_____

遇到困难:_____
_____
_____

解决方法:_____
_____
_____

存在问题:_____
_____
_____

2. 学习任务评价表

学习任务评价表

班级: 　　　　　　　　组别: 　　　　　　　　姓名:

评价项目	项目内容及评分标准	分值	自我评价（20%）	小组评价（30%）	教师评价（50%）
职业素养	1. 能积极主动完成并上交老师布置的任务	20			
	2. 能与小组成员协作,有较强的团队意识	10			
	3. 任务实施过程是否安全、文明	10			
	4. 总结简明扼要、重点突出、思路清晰	10			
专业能力	1. 能按要求在规定时间内完成所有任务	10			
	2. 能快速、准确输入各种数据	30			
	3. 表格打印(或预览)美观大方	10			
创新能力	学习过程中提出具有创新性、可行性的建议	小计			
	创新加分　　　汇报加分　　　团队加分	综合得分			
教师评语					
	指导教师签名: 　　　　　　　　　　　年　月　日				

任务二　编制出、入库表

任务描述

基础信息表编制完成后，接下来就要编制材料的出库表和入库表了。小崔记得老师说过，在出入库的管理中，VLOOKUP和ISNA函数的使用很更要，那么如何将这些函数运用到出、入库表格中呢？

任务目标

1. 熟练使用VLOOKUP、ISNA等函数；
2. 能编制入库表；
3. 能编制出库表。

任务实施

一、规划表格样式

出、入库表格是材料等数据来源的一手核算资料，是企业日常管理所需的常用表格。出、入库表的制作需要记录出、入库数量等流水，并根据不同企业特质针对的记录、核算不同的具体信息。下面以万绿食品公司数据为例，结合前面章节所设置的供货商编号、材料代码等数据，完成如图6-2-1和图6-2-2所示入库表、出库表的制作。

项目六 Excel 在购销存管理的应用

	A	B	C	D	E	F	G	H	I	J	K	L
1												
2	入库单号码	供货商编号	供货商单位	入库日期	有无发票	材料代码	材料名称	规格	计量单位	数量	单价	金额
3	04-001	GHDW-101	大洪公司	2007/4/12	有	101	甲材料	GB9683	千克	3,000	5.00	15,000.00
4	04-002	GHDW-102	东和食品公司	2007/4/13	无	102	乙材料	GB9684	千克	1,500	6.00	9,000.00
5	04-003	GHDW-103	华成工厂	2007/4/14	有	102	乙材料	GB9684	千克	2,000	6.00	12,000.00
6	04-004	GHDW-104	益福工厂	2007/4/15	有	103	丙材料	GB9685	千克	3,000	7.00	21,000.00
7	04-005	GHDW-105	长富工厂	2007/4/16	有	102	乙材料	GB9684	千克	4,000	6.00	24,000.00
8	04-006	GHDW-106	泰和工厂	2007/4/17	有	101	甲材料	GB9683	千克	5,000	5.00	25,000.00
9	04-007	GHDW-107	喜华食品公司	2007/4/18	有	105	辅助材料一	GB2000	千克	3,000	9.00	27,000.00
10	04-008	GHDW-108	昊力公司	2007/4/19	有	104	丁材料	GB9686	千克	4,000	8.00	32,000.00
11	04-009	GHDW-109	红果乳业有限公司	2007/4/20	有	103	丙材料	GB9685	千克	3,000	7.00	21,000.00
12	04-010	GHDW-105	长富工厂	2007/4/21	有	102	乙材料	GB9684	千克	4,000	6.00	24,000.00
13	04-011	GHDW-107	喜华食品公司	2007/4/22	有	102	乙材料	GB9684	千克	5,000	6.00	30,000.00
14	04-012	GHDW-108	昊力公司	2007/4/23	无	108	辅助材料四	GB2003	两	20	50.00	1,000.00
15	04-013	GHDW-102	东和食品公司	2007/4/24	有	103	丙材料	GB9685	千克	2,000	7.00	14,000.00
16	04-014	GHDW-106	泰和工厂	2007/4/25	有	104	丁材料	GB9686	千克	6,000	8.00	48,000.00

图6-2-1　入库表样式

	A	B	C	D	E	F	G	H	I	J	K
1											
2	出库单号码	产品代码	产品名称	发料时间	材料代码	材料名称	规格	计量单位	数量	单价	金额
3	04-001	XHDW-101	A产品	2007/4/15	CL-101	甲材料	GB9683	千克	2000	5.00	10,000.00
4	04-002	XHDW-101	A产品	2007/4/16	CL-101	甲材料	GB9683	千克	1000	5.00	5,000.00
5	04-003	XHDW-103	C产品	2007/4/17	CL-102	乙材料	GB9684	千克	2000	6.00	12,000.00
6	04-004	XHDW-104	D产品	2007/4/18	CL-103	丙材料	GB9685	千克	1000	7.00	7,000.00
7	04-005	XHDW-102	B产品	2007/4/19	CL-102	乙材料	GB9684	千克	700	8.00	5,600.00
8	04-006	XHDW-106	F产品	2007/4/20	CL-103	丙材料	GB9685	千克	500	7.00	3,500.00
9	04-007	XHDW-107	G产品	2007/4/21	CL-104	丁材料	GB9686	千克	300	8.00	2,400.00
10	04-008	XHDW-105	E产品	2007/4/22	CL-105	辅助材料一	GB2000	千克	200	9.00	1,800.00
11	04-009	XHDW-102	B产品	2007/4/23	CL-106	辅助材料二	GB2001	千克	32	10.00	320.00

图6-2-2　出库表样式

二、设置表格

（一）创建入库表

1. 新建工作表

打开"购销存管理"工作簿，插入一张工作表，重命名为"入库表"。

2. 输入表格标题

在B2：M2单元格区域输入如图6-2-3的标题，并适当地调整单元格列宽的大小，使内容能够完全展示，如图6-2-3所示。

	A	B	C	D	E	F	G	H	I	J	K	L
1												
2		入库单号码	供货商编号	供货商单位	入库日期	有无发票	材料代码	材料名称	规格	计量单位	数量	单价	金额

图6-2-3　入库表的工作表标题

3. 输入数据

利用单元格格式中的"数字"→"自定义"选项，在B3：B16单元格区域输入"入库单号码"；在C3：C16单元格区域输入"供货商编号"，如图6-2-4所示。

	A	B	C	D	E	F	G	H	I	J	K	L
1												
2		入库单号码	供货商编号	供货商单位	入库日期	有无发票	材料代码	材料名称	规格	计量单位	数量	单价	金额
3		04-001	GHDW-101										
4		04-002	GHDW-102										
5		04-003	GHDW-103										
6		04-004	GHDW-104										
7		04-005	GHDW-105										
8		04-006	GHDW-106										
9		04-007	GHDW-107										
10		04-008	GHDW-108										
11		04-009	GHDW-109										
12		04-010	GHDW-105										
13		04-011	GHDW-107										
14		04-012	GHDW-108										
15		04-013	GHDW-102										
16		04-014	GHDW-106										

图6-2-4　输入入库单号码及供货商编号

4. 使用函数生成"供货商单位"

选择C3单元格，在编辑栏中输入公式："＝IF(ISNA(VLOOKUP(B3,供货商代码!$A$2：$B$11,2,0)),"",VLOOKUP(B3,供货商代码!$A$2：$B$11,2,0))"，如图6-2-5所示。

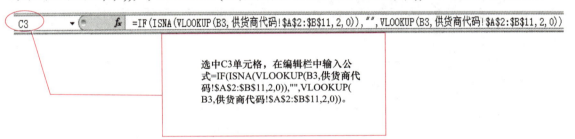

图6-2-5　编制供货商单位公式

公式输入完成后按Enter键确认，即生成相应的供货商单位名称"大洪公司"，如图6-2-6所示。

	A	B	C	D	E	F	G	H	I	J	K	L
1												
2		入库单号码	供货商编号	供货商单位	入库日期	有无发票	材料代码	材料名称	规格	计量单位	数量	单价	金额
3		04-001	GHDW-101	大洪公司									
4		04-002	GHDW-102										

图6-2-6　生成相应的供货商单位

选中C3单元格，将光标移到单元格的右下角，当光标变为十字形状时，按住左键不放往下拖曳，到达相应的位置后松开即可完成公式的复制，如图6-2-7所示。

项目六 Excel 在购销存管理的应用

图6-2-7 复制公式

5. 使用函数生成"材料名称"

（1）根据样式输入"入库日期"和"材料代码"，并设置相应的单元格格式。

（2）选中G3单元格，在编辑栏中输入公式："=IF(ISNA(VLOOKUP(F3,材料代码!A:D,2,0)),"",VLOOKUP(F3,材料代码!A:D,2,0))"，如图6-2-8所示。

图6-2-8 编制材料名称公式

公式输入完成后，按Enter键确认，即生成相应的材料名称"甲材料"，如图6-2-9所示。

选中G3单元格，将光标移到单元格的右下角，当光标变为十字形状时，按住左键不放往下拖曳，到达相应的位置后松开，即可完成公式的复制，如图6-2-10所示。

图6-2-9 生成材料名称

图6-2-10 复制公式

6. 使用函数生成"规格"名称

选中H3单元格，在编辑栏中输入公式："＝IF(ISNA(VLOOKUP(F3,材料代码!A：D,3,0)),"",VLOOKUP(F3,材料代码!A：D,3,0))"，如图6-2-11所示。

图6-2-11 输入公式

公式输入完成后，按Enter键确认，即生成相应的规格名称"GB9683"，如图6-2-12所示。

选中H3单元格，将光标移到单元格的右下角，当光标变为十字形状时，按住左键不放往下拖曳，到达相应的位置后松开，即可完成公式的复制，如图6-2-13所示。

图6-2-12 生成"规格"名称

图6-2-13 复制公式

7. 使用函数生成"计量单位"

选中I3单元格,在编辑栏中输入公式:"=IF(ISNA(VLOOKUP(F3,材料代码!A:D,4,0)),"",VLOOKUP(F3,材料代码!A:D,4,0))",如图6-2-14所示。

图6-2-14 编辑计量单位公式

公式输入完成后,按Enter键确认,即生成相应的计量单位名称"千克",如图6-2-15所示。

图6-2-15 生成计量单位名称

选中J3单元格,将光标移到单元格的右下角,当光标变为十字形状时,按住左键不放往下拖曳,到达相应的位置后松开,即可完成公式的复制,如图6-2-16所示。

图6-2-16 复制公式

8. 编制金额公式

(1) 在J3:J16、K3:K16单元格区域根据表格样式分别输入"数量"和"单价"。

(2) 选中L3单元格,输入公式:"=J3*K3,如图6-2-17所示。

图6-2-17 输入"金额"公式

公式输入完成后，按Enter键确认，即计算出相应的金额"15 000"，如图6-2-18所示。

材料代码	材料名称	规格	计量单位	数量	单价	金额
CL-101	甲材料	GB9683	千克	3,000	5.00	15,000.00
CL-102	乙材料	GB9684	千克	1,500	6.00	
CL-102	乙材料	GB9684	千克	2,000	6.00	
CL-103	丙材料	GB9685	千克	3,000	7.00	
CL-102	乙材料	GB9684	千克	4,000	6.00	

图6-2-18　生成"金额"

选中L3单元格，将光标移到单元格的右下角，当光标变为十字形状时，按住左键不放往下拖曳，到达相应的位置后松开，即可完成公式的复制，如图6-2-19所示。

	A	B	C	D	E	F	G	H	I	J	K
1											
2	入库单号码	供货商编号	供货商单位	入库日期	有无发票	材料代码	材料名称	规格	计量单位	数量	单价
3	04-001	GHDW-101	大洪公司	2007/4/12	有	CL-101	甲材料	GB9683	千克	3,000	5.0
4	04-002	GHDW-102	东和食品公司	2007/4/13	无	CL-102	乙材料	GB9684	千克	1,500	6.0
5	04-003	GHDW-103	华成工厂	2007/4/14	有	CL-102	乙材料	GB9684	千克	2,000	6.0
6	04-004	GHDW-104	益福工厂	2007/4/15	有	CL-103	丙材料	GB9685	千克	3,000	7.0
7	04-005	GHDW-105	长富工厂	2007/4/16	有	CL-102	乙材料	GB9684	千克	4,000	6.0
8	04-006	GHDW-106	泰和工厂	2007/4/17	有	CL-101	甲材料	GB9683	千克	3,000	5.0
9	04-007	GHDW-107	喜华食品公司	2007/4/18	有	CL-105	辅助材料一	GB2000	千克	3,000	9.0
10	04-008	GHDW-108	昊力公司	2007/4/19	有	CL-104	丁材料	GB9686	千克	4,000	8.0
11	04-009	GHDW-109	红果乳业有限公司	2007/4/20	有	CL-103	丙材料	GB9685	千克	3,000	7.0
12	04-010	GHDW-105	长富工厂	2007/4/21	有	CL-102	乙材料	GB9684	千克	4,000	6.0
13	04-011	GHDW-107	喜华食品公司	2007/4/22	有	CL-102	乙材料	GB9684	千克	5,000	6.0
14	04-012	GHDW-108	昊力公司	2007/4/23	无	CL-108	辅助材料四	GB2003	两	20	50.0

图6-2-19　复制公式

9. 设置"有无发票"的数据有效性

（1）选中E3：E16单元格区域，单击菜单"数据"→"数据有效性"，弹出对话框，单击"设置"选项卡，在"允许"下拉列表中选择"序列"，在"来源"文本框中输入"有，无"，然后单击"确认"按钮完成设置，如图6-2-20所示。

图6-2-20　设置数据的有效性

（2）单击E3单元格，在其右侧会出现一个下拉按钮，单击按钮，弹出下拉列表，在列

项目六 Excel 在购销存管理的应用

表中选择"有"或"无"。输入"有无发票"内容,如图6-2-21所示。

图6-2-21 数据有效性的显示示例

至此,表格内容全部输入完成。

10. 美化表格和页面设置

(1)设置表格边框;

(2)设置合适的字体、字号、行高、列宽和页边距等,使表格看上去美观大方,最后效果如图6-2-1所示。

(二)编制"出库表"

1. 新建工作表

打开"购销存"工作簿,插入一张新的工作表,重命名为"出库表"。

2. 输入表格标题

在B2:L2单元格区域输入表格的标题,并适当地调整单元格列宽的大小,使内容能够完全显示。

3. 输入数据

(1)在A3:A11单元格区域输入"出库单号码"。

(2)在B3:B11单元格区域输入"产品代码",并设置单元格格式,如图6-2-22所示。

图6-2-22 出库单工作表标题数据

4. 使用函数生成"产品名称"

选中C3单元格,在编辑栏中输入公式:"=IF(ISNA(VLOOKUP(B3,产品代码!A:B,2,0)),"",VLOOKUP(B3,产品代码!A:B,2,0))",如图6-2-23所示。

图6-2-23 输入公式

公式输入完成后，按Enter键确认，即生成相应的产品名称"A产品"，如图6-2-24所示。

	A	B	C	D	E
1					
2	出库单号码	产品代码	产品名称	发料时间	材料代码
3	04-001	XHDW-101	A产品		
4	04-002	XHDW-101			

图6-2-24　生成"产品名称"

选中C3单元格，将光标移到单元格的右下角，当光标变为十字形状时，按住左键不放往下拖曳，到达相应的位置后松开，即可完成公式的复制，如图6-2-25所示。

	A	B	C	D	E	F	G
1							
2	出库单号码	产品代码	产品名称	发料时间	材料代码	材料名称	规格
3	04-001	XHDW-101	A产品				
4	04-002	XHDW-101	A产品				
5	04-003	XHDW-103	C产品				
6	04-004	XHDW-104	D产品				
7	04-005	XHDW-102	B产品				
8	04-006	XHDW-106	F产品				
9	04-007	XHDW-107	G产品				
10	04-008	XHDW-105	E产品				
11	04-009	XHDW-102	B产品				

图6-2-25　复制公式

5．使用函数生成"材料名称"

（1）分别在D、E列输入"发料时间"和"材料代码"，并设置单元格格式。

（2）选中F3单元格，在编辑栏中输入以下公式"＝IF(ISNA(VLOOKUP(E3,材料代码!A：D，2，0)),"",VLOOKUP(E3,材料代码!A：D,2,0))"，如图6-2-26所示。

F3	▼	fx	=IF(ISNA(VLOOKUP(E3,材料代码!A:D,2,0)),"",VLOOKUP(E3,材料代码!A:D,2,0))

图6-2-26　输入公式

（3）公式输入完成后，按Enter键确认，即生成相应的材料名称"甲材料"，如图6-2-27所示。

C	D	E	F	G	H
产品名称	发料时间	材料代码	材料名称	规格	计量单位
A产品	2007/4/15	CL-101	甲材料		
A产品	2007/4/16	CL-101			
C产品	2007/4/17	CL-102			

图6-2-27　生成"材料名称"

（4）选中F3单元格，将光标移到单元格的右下角，当光标变为十字形状时，按住左键不放往下拖曳，到达相应的位置后松开，即可完成公式的复制，如图6-2-28所示。

	A	B	C	D	E	F	G
2	出库单号码	产品代码	产品名称	发料时间	材料代码	材料名称	规格
3	04-001	XHDW-101	A产品	2007/4/15	CL-101	甲材料	
4	04-002	XHDW-101	A产品	2007/4/16	CL-101	甲材料	
5	04-003	XHDW-103	C产品	2007/4/17	CL-102	乙材料	
6	04-004	XHDW-104	D产品	2007/4/18	CL-103	丙材料	
7	04-005	XHDW-102	B产品	2007/4/19	CL-102	乙材料	
8	04-006	XHDW-106	F产品	2007/4/20	CL-103	丙材料	
9	04-007	XHDW-107	G产品	2007/4/21	CL-104	丁材料	
10	04-008	XHDW-105	E产品	2007/4/22	CL-105	辅助材料一	
11	04-009	XHDW-102	B产品	2007/4/23	CL-106	辅助材料二	

图6-2-28 复制公式

6. 使用函数生成"规格"名称

（1）选中G3单元格，在编辑栏中输入公式："＝IF(ISNA(VLOOKUP(E3,材料代码!A：D,3,0)),"",VLOOKUP(E3,材料代码!A：D,3,0))"，如图6-2-29所示。

| G3 | ▼ | ƒx | =IF(ISNA(VLOOKUP(E3,材料代码!A:D,3,0)),"",VLOOKUP(E3,材料代码!A:D,3,0)) |

图6-2-29 输入"规格"公式

（2）公式输入完成后按Enter键确认，即生成相应的规格名称"GB9683"，如图6-2-30所示。

C	D	E	F	G	H
产品名称	发料时间	材料代码	材料名称	规格	计量单位
A产品	2007/4/15	CL-101	甲材料	GB9683	
A产品	2007/4/16	CL-101	甲材料		
C产品	2007/4/17	CL-102	乙材料		

图6-2-30 生成产品规格

（3）选中H3单元格，将光标移到单元格的右下角，当光标变为十字形状时，按住左键不放往下拖曳，到达相应的位置后松开，即可完成公式的复制，如图6-2-31所示。

	A	B	C	D	E	F	G
2	出库单号码	产品代码	产品名称	发料时间	材料代码	材料名称	规格
3	04-001	XHDW-101	A产品	2007/4/15	CL-101	甲材料	GB9683
4	04-002	XHDW-101	A产品	2007/4/16	CL-101	甲材料	GB9683
5	04-003	XHDW-103	C产品	2007/4/17	CL-102	乙材料	GB9684
6	04-004	XHDW-104	D产品	2007/4/18	CL-103	丙材料	GB9685
7	04-005	XHDW-102	B产品	2007/4/19	CL-102	乙材料	GB9684
8	04-006	XHDW-106	F产品	2007/4/20	CL-103	丙材料	GB9685
9	04-007	XHDW-107	G产品	2007/4/21	CL-104	丁材料	GB9686
10	04-008	XHDW-105	E产品	2007/4/22	CL-105	辅助材料一	GB2000

图6-2-31 复制公式

7. 使用函数生成"计量单位"

（1）选中H3单元格，在编辑栏中输入公式："＝IF(ISNA(VLOOKUP(E3,材料代码!A：

D,4,0)),"",VLOOKUP(E3,材料代码!A：D,4,0))",如图6-2-32所示。

`H3  fx =IF(ISNA(VLOOKUP(E3,材料代码!A:D,4,0)),"",VLOOKUP(E3,材料代码!A:D,4,0))`

图6-2-32 输入"计量单位"公式

（2）公式输入完成后按Enter键确认，即生成相应的计量单位名称"千克"，如图6-2-33所示。

F	G	H	I
材料名称	规格	计量单位	数量
甲材料	GB9683	千克	

图6-2-33 生成计量单位

（3）选中H3单元格，将光标移到单元格的右下角，当光标变为十字形状时，按住左键不放往下拖曳，到达相应的位置后松开，即可完成公式的复制，如图6-2-34所示。

	A	B	C	D	E	F	G	H
2	出库单号码	产品代码	产品名称	发料时间	材料代码	材料名称	规格	计量单位
3	04-001	XHDW-101	A产品	2007/4/15	CL-101	甲材料	GB9683	千克
4	04-002	XHDW-101	A产品	2007/4/16	CL-101	甲材料	GB9683	千克
5	04-003	XHDW-103	C产品	2007/4/17	CL-102	乙材料	GB9684	千克
6	04-004	XHDW-104	D产品	2007/4/18	CL-103	丙材料	GB9685	千克
7	04-005	XHDW-102	B产品	2007/4/19	CL-102	乙材料	GB9684	千克
8	04-006	XHDW-106	F产品	2007/4/20	CL-103	丙材料	GB9685	千克
9	04-007	XHDW-107	G产品	2007/4/21	CL-104	丁材料	GB9686	千克
10	04-008	XHDW-105	E产品	2007/4/22	CL-105	辅助材料一	GB2000	千克
11	04-009	XHDW-102	B产品	2007/4/23	CL-106	辅助材料二	GB2001	千克

图6-2-34 复制公式

8．编制"金额"公式

（1）在I、J列分别输入"数量"和"单价"。

（2）选中K3单元格，输入公式："=I3*J3"，如图6-2-35所示。

G	H	I	J	K
规格	计量单位	数量	单价	金额
GB9683	千克	2000	5.00	=I3*J3

图6-2-35 输入"金额"公式

（3）公式输入完成后按Enter键确认，即计算出相应的金额"10000"，如图6-2-36所示。

G	H	I	J	K
规格	计量单位	数量	单价	金额
GB9683	千克	2000	5.00	10,000.00
GB9683	千克	1000	5.00	

图6-2-36 生成金额

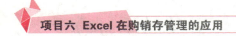

（4）选择K3单元格，将光标移到单元格的右下角，当光标变为十字形状时，按住左键不放往下拖曳，到达相应的位置后松开，即可完成公式的复制，如图6-2-37所示。

材料名称	规格	计量单位	数量	单价	金额
甲材料	GB9683	千克	2000	5.00	10,000.00
甲材料	GB9683	千克	1000	5.00	5,000.00
乙材料	GB9684	千克	2000	6.00	12,000.00
丙材料	GB9685	千克	1000	7.00	7,000.00
乙材料	GB9684	千克	700	8.00	5,600.00
丙材料	GB9685	千克	500	7.00	3,500.00
丁材料	GB9686	千克	300	8.00	2,400.00
辅助材料一	GB2000	千克	200	9.00	1,800.00
辅助材料二	GB2001	千克	32	10.00	320.00

图6-2-37 复制公式

（5）至此，表格内容全部输入完成，效果如图6-2-38所示。

出库单号码	产品代码	产品名称	发料时间	材料代码	材料名称	规格	计量单位	数量	单价	金额
04-001	XHDW-101	A产品	2007/4/15	CL-101	甲材料	GB9683	千克	2000	5.00	10,000.00
04-002	XHDW-101	A产品	2007/4/16	CL-101	甲材料	GB9683	千克	1000	5.00	5,000.00
04-003	XHDW-103	C产品	2007/4/17	CL-102	乙材料	GB9684	千克	2000	6.00	12,000.00
04-004	XHDW-104	D产品	2007/4/18	CL-103	丙材料	GB9685	千克	1000	7.00	7,000.00
04-005	XHDW-102	B产品	2007/4/19	CL-102	乙材料	GB9684	千克	700	8.00	5,600.00
04-006	XHDW-106	F产品	2007/4/20	CL-103	丙材料	GB9685	千克	500	7.00	3,500.00
04-007	XHDW-107	G产品	2007/4/21	CL-104	丁材料	GB9686	千克	300	8.00	2,400.00
04-008	XHDW-105	E产品	2007/4/22	CL-105	辅助材料一	GB2000	千克	200	9.00	1,800.00
04-009	XHDW-102	B产品	2007/4/23	CL-106	辅助材料二	GB2001	千克	32	10.00	320.00

图6-2-38 编制完成的"出库表"

9. 美化表格和页面设置

（1）设置表格边框；

（2）设置合适的字体、字号、行高、列宽和页边距等，使表格看上去美观大方；

（3）完成后单击"保存"按钮。

知识储备及拓展

ISNA函数

主要功能：ISNA函数用来检验值为错误值"#N/A"（值不存在）时，根据参数取值返回TRUE或FALSE。

函数语法：ISNA(value)

参数说明：Value为需要进行检验的数值。

应用举例：

公式＝IF(ISNA(VLOOKUP(C3,供货商代码!$A$2:$B$20,2,0)),"",VLOOKUP(C3，供货商代码!$A$2:$B$20,2,0))

是指查看C3单元格的内容对应于"供货商代码"工作表中有没有完全匹配的内容，如果没有，返回空白内容，如果有完全相匹配的内容，则返回B列中对应的内容。

任务巩固

资料：某公司的"材料入库表"和"材料出库表"如图6-2-39和图6-2-40所示，请根据要求完成该公司"材料入库表"和"材料出库表"的编制。

要求：

（1）打开"知识训练"工作簿，新建两张工作表，分别重命名为"材料入库表"和"材料出库表"。

（2）在"材料入库表"中，要求"供货商单位""材料名称""规格"和"计量单位"列使用函数自动生成；"金额"列使用公式完成；其他列手动输入完成。

（3）在"材料出库表"中，要求"产品名称""材料名称""规格"和"计量单位"列使用函数自动生成；"金额"列使用公式完成；其他列手动输入完成。

（4）要求两个表格的所有金额的格式为"会计专用、保留两位小数，无货币符号"。

（5）调整合适的行高、列宽和页面设置等，使表格看上去美观大方。

（6）完成后单击"保存"按钮。

	A	B	C	D	E	F	G	H	I	J	K	L	M
1							材料入库表						
2		入库单号码	供货商编号	供货商单位	入库日期	有无发票	材料代码	材料名称	规格	计量单位	数量	单价	金额
3		04-001	GHDW-101	材料供货商1	2007/4/12	有	CL-101	纳盐	DFE-005	吨	20	2.30	46.00
4		04-002	GHDW-102	材料供货商2	2007/4/13	无	CL-102	硫酸	DFE-006	吨	15	2.20	33.00
5		04-003	GHDW-103	材料供货商3	2007/4/14	有	CL-102	硫酸	DFE-006	吨	20	2.80	56.00
6		04-004	GHDW-104	材料供货商4	2007/4/15	有	CL-103	盐酸	DFE-007	吨	30	3.60	108.00
7		04-005	GHDW-105	材料供货商5	2007/4/16	有	CL-102	硫酸	DFE-006	吨	40	5.40	216.00
8		04-006	GHDW-106	材料供货商6	2007/4/17	有	CL-101	纳盐	DFE-005	吨	50	5.80	290.00
9		04-007	GHDW-107	材料供货商7	2007/4/18	有	CL-105	纤维素	DFE-009	吨	30	9.60	288.00
10		04-008	GHDW-108	材料供货商8	2007/4/19	有	CL-104	氨基磺酸	DFE-008	吨	40	1.40	56.00
11		04-009	GHDW-109	材料供货商9	2007/4/20	有	CL-103	盐酸	DFE-007	吨	30	2.50	75.00
12		04-010	GHDW-105	材料供货商5	2007/4/21	有	CL-102	硫酸	DFE-006	吨	40	4.70	188.00
13		04-011	GHDW-107	材料供货商7	2007/4/22	有	CL-102	硫酸	DFE-006	吨	50	8.50	425.00
14		04-012	GHDW-108	材料供货商8	2007/4/23	无	CL-108	矾石	DFE-012	吨	30	2.90	87.00
15		04-013	GHDW-102	材料供货商2	2007/4/24	有	CL-103	盐酸	DFE-007	吨	20	5.90	118.00
16		04-014	GHDW-106	材料供货商6	2007/4/25	有	CL-104	氨基磺酸	DFE-008	吨	60	8.30	498.00

图6-2-39 材料入库表

项目六 Excel 在购销存管理的应用

出库单号码	产品代码	产品名称	发料时间	材料代码	材料名称	规格	计量单位	数量	单价	金额
				材料出库表						
04-001	XHDW-101	产品1	2007/4/15	CL-101	纳盐	DFE-005	吨	1	12.00	12.00
04-002	XHDW-102	产品2	2007/4/16	CL-101	纳盐	DFE-005	吨	2.5	12.00	30.00
04-003	XHDW-103	产品3	2007/4/17	CL-102	硫酸	DFE-006	吨	3.2	18.00	57.60
04-004	XHDW-104	产品4	2007/4/18	CL-103	盐酸	DFE-007	吨	2.4	25.00	60.00
04-005	XHDW-105	产品5	2007/4/19	CL-102	硫酸	DFE-006	吨	1.5	21.00	31.50
04-006	XHDW-106	产品6	2007/4/20	CL-103	盐酸	DFE-007	吨	2.7	36.00	97.20
04-007	XHDW-107	产品7	2007/4/21	CL-104	氨基磺酸	DFE-008	吨	1.1	27.00	29.70
04-008	XHDW-108	产品8	2007/4/22	CL-105	纤维素	DFE-009	吨	0.8	33.00	26.40
04-009	XHDW-109	产品9	2007/4/23	CL-106	硅酸钠	DFE-010	吨	0.9	28.00	25.20

图6-2-40 材料出库表

任务二　编制出、入库表

成果展示及评价

每位同学就任务的完成情况作个人学习总结。然后以小组为单位，可选择Excel电子表格、纸质文稿、演示文稿、展板或海报等形式进行展示，并推荐一名同学汇报学习成果。

1. 个人学习总结

完成情况：_____
_____
_____

遇到困难：_____
_____
_____

解决方法：_____
_____
_____

存在问题：_____
_____
_____

2. 学习任务评价表

学习任务评价表

班级：　　　　　　　　　　组别：　　　　　　　　　　姓名：

评价项目	项目内容及评分标准	分值	自我评价（20%）	小组评价（30%）	教师评价（50%）
职业素养	1. 能积极主动完成并上交老师布置的任务	20			
	2. 能与小组成员协作，有较强的团队意识	10			
	3. 任务实施过程是否安全、文明	10			
	4. 总结简明扼要、重点突出、思路清晰	10			
专业能力	1. 能按要求在规定时间内完成所有任务	10			
	2. 熟练对VLOOKUP、ISNA等函数的使用	30			
	3. 表格打印（或预览）美观大方	10			
创新能力	学习过程中提出具有创新性、可行性的建议	小计			
	创新加分　　　汇报加分　　　团队加分	综合得分			
教师评语					
	指导教师签名：			年　月　日	

任务三　编制库存管理表

任务描述

为便于期末数据的核对和各个部门对结存情况进行核对，小崔顺便帮爸爸编制了一份库存管理表，库存管理表是通过Excel函数来实现基础数据的设置及库存数据的管理的。库存管理表的制作过程虽然不太复杂，但仍需要细心认真地输入才能够保证数据的正确性。

任务目标

1. 熟练、准确、快速输入期初和本期材料库存及入库的金额；
2. 熟练使用公式完成期末库存的数量及金额；
3. 能使用IF、SUMIF、ISNA、VLOOKUP等函数编制库存管理表。

任务实施

一、规划表格样式

库存管理是对前面章节入库表、出库表的结合数据进行整理用的表格。表格的制作便于数据信息使用者进行数据期末的核对。同时是购销存中"存"的部分的综合展现，对各个部门结存情况进行核对，同时是财务部门用以原料期末核算的依据。图6-3-1所示为制作完成的"材料库存管理表"。

				材料库存管理表						
材料代码	材料名称	计量单位	期初库存		本期入库		本期发出		期末库存	
			数量	金额	数量	金额	数量	金额	数量	金额
101	甲材料	千克	500	2,500.00	8000	40,000.00	3000	15,000.00	5500	27,500.00
102	乙材料	千克	300	1,800.00	16500	99,000.00	2700	17,600.00	14100	83,200.00
103	丙材料	千克	550	3,850.00	8000	56,000.00	1500	10,500.00	7050	49,350.00
104	丁材料	千克	600	4,800.00	10000	80,000.00	300	2,400.00	10300	82,400.00
105	辅助材料一	千克	50	450.00	3000	27,000.00	200	1,800.00	2850	25,650.00
106	辅助材料二	千克	80	800.00	—	—	32	320.00	48	480.00
107	辅助材料三	千克	60	660.00	—	—	—	—	60	660.00
108	辅助材料四	两	10	500.00	20	1,000.00	—	—	30	1,500.00
109	辅助材料五	千克	78	1,014.00	—	—	—	—	78	1,014.00

图6-3-1　材料库存管理表样式

项目六 Excel 在购销存管理的应用

二、设置表格

（1）打开"购销存管理"工作簿，新建一张工作表并重命名为"库存管理表"。
（2）输入标题，根据样式确定行数、列数，加边框线。
（3）根据图6-3-1样式，输入第2、3行和A、D、E列的内容，如图6-3-2所示。

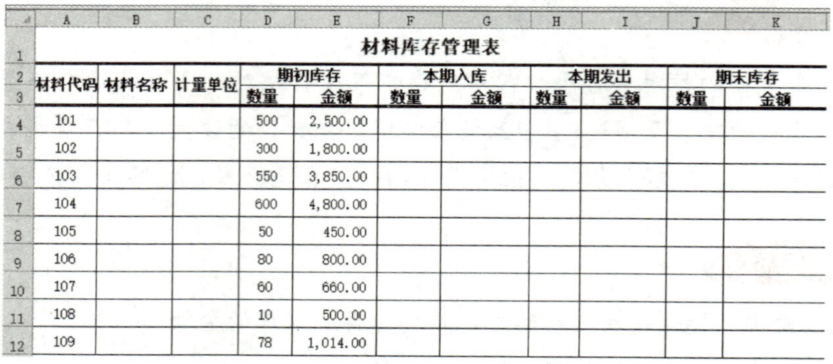

图6-3-2　库存管理表

（4）使用IF、ISNA和VLOOKUP函数求出材料名称和计量单位列的内容。

①选择B4单元格，输入公式"＝IF(ISNA(VLOOKUP(A4,材料代码!A：D,2,0)),"",VLOOKUP(A4,材料代码!A：D,2,0))"，如图6-3-2所示，完成后按Enter键，即可返回代码为101的材料名称"甲材料"，如图6-3-3所示。

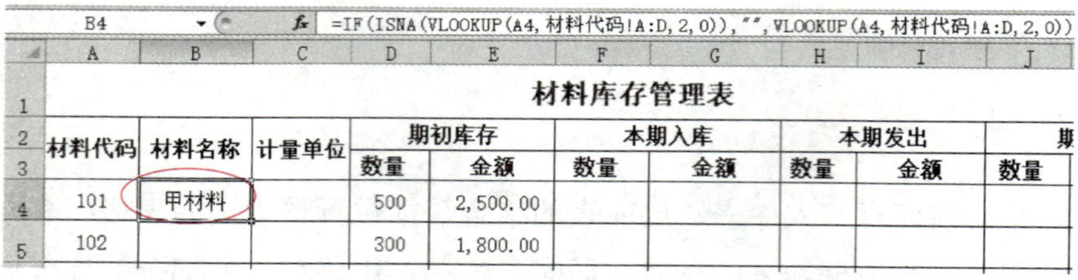

图6-3-3　库存管理表

②选择C4单元格，输入公式"＝IF(ISNA(VLOOKUP(A4,材料代码!A：D,4,0)),"",VLOOKUP(A4,材料代码!A：D,4,0))"如图6-3-4所示，完成后按Enter键，即可返回计量单位为"千克"，如图6-3-4所示。

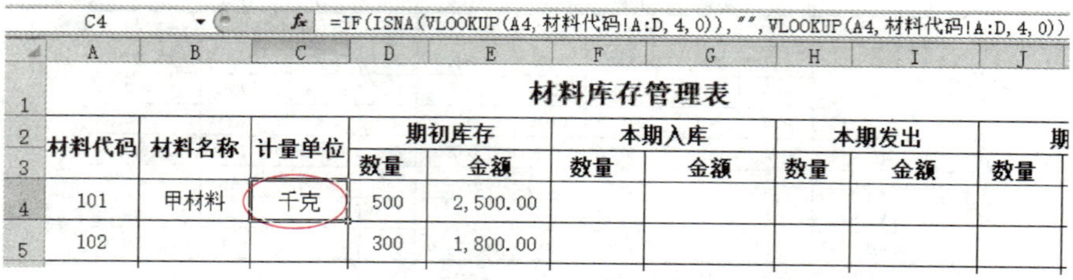

图6-3-4　库存管理表

③公式输完后，分别使用自动填充柄功能填充以上两列第4～12行的内容，如图6-3-5所示。

图6-3-5　库存管理表

（5）使用SUMIF函数求出"本期入库"和"本期发出"列的内容。

①选择F4单元格，输入公式"＝SUMIF(入库表!$G:$G,$A4,入库表!K:K)"，如图6-3-6所示，完成后按Enter键，即可返回本期入库数量"8 000"，如图6-3-6所示。

图6-3-6　库存管理表

②选择G4单元格，输入公式"＝SUMIF(入库表!$G:$G,$A4,入库表!M:M)"，如图6-3-7所示，完成后按Enter键，即可返回本期入库金额"40 000"，如图6-3-7所示。

图6-3-7　库存管理表

③选择H4单元格，输入公式"＝SUMIF(出库表!$F:$F,$A4,出库表!J:J)"，如图6-3-8所示，完成后按Enter键，即可返回本期发出数量"3 000"，如图6-3-9所示。

图6-3-8　库存管理表

④选择I4单元格，输入公式“＝SUMIF(出库表!$F: $F,$A4,出库表!L: L)”，如图6-3-8所示，完成后按Enter键，即可返回本期发出金额“15 000”，如图6-3-9所示。

I4 =SUMIF(出库表!$E:$E,$A4,出库表!K:K)

材料库存管理表								
材料代码	材料名称	计量单位	期初库存		本期入库		本期发出	
			数量	金额	数量	金额	数量	金额
101	甲材料	千克	500	2,500.00	8000	40,000.00	3000	15,000.00

图6-3-9 库存管理表

⑤公式输入完成后，分别使用自动填充柄功能填充以上4列第4～12行的内容，如图6-3-10所示。

材料库存管理表										
材料代码	材料名称	计量单位	期初库存		本期入库		本期发出		期末库存	
			数量	金额	数量	金额	数量	金额	数量	金额
101	甲材料	千克	500	2,500.00	8000	40,000.00	3000	15,000.00		
102	乙材料	千克	300	1,800.00	16500	99,000.00	2700	17,600.00		
103	丙材料	千克	550	3,850.00	8000	56,000.00	1500	10,500.00		
104	丁材料	千克	600	4,800.00	10000	80,000.00	300	2,400.00		
105	辅助材料一	千克	50	450.00	3000	27,000.00	200	1,800.00		
106	辅助材料二	千克	80	800.00		-	32	320.00		
107	辅助材料三	千克	60	660.00		-		-		
108	辅助材料四	两	10	500.00	20	1,000.00		-		
109	辅助材料五	千克	78	1,014.00		-		-		

图6-3-10 库存管理表

（6）使用公式求出期末存库的数量和金额。

①选择J4单元格，输入公式“＝D4＋F4－H4”，如图6-3-6所示，完成后按Enter键，即可返回期末存库的数量“5 500”，如图6-3-11所示。

J4 =D4+F4-H4

材料库存管理表										
材料代码	材料名称	计量单位	期初库存		本期入库		本期发出		期末库存	
			数量	金额	数量	金额	数量	金额	数量	金额
101	甲材料	千克	500	2,500.00	8000	40,000.00	3000	15,000.00	5500	

图6-3-11 库存管理表

注：期末库存数量＝期初库存数量＋本期入库数量－本期发出数量。

②选择K4单元格，输入公式“＝E4＋G4－I4”，如图6-3-6所示，完成后按Enter键，即可返回期末存库的金额“27 500”，如图6-3-12所示。

K4 =E4+G4-I4

材料库存管理表										
材料代码	材料名称	计量单位	期初库存		本期入库		本期发出		期末库存	
			数量	金额	数量	金额	数量	金额	数量	金额
101	甲材料	千克	500	2,500.00	8000	40,000.00	3000	15,000.00	5500	27,500.00

图6-3-12 库存管理表

注：期末库存金额＝期初库存金额＋本期入库金额－本期发出金额。

③公式输入完成后，分别使用自动填充柄功能填充以上2列第4～12行的内容，至此，库存管理表的内容全部输入完成，如图6-3-1所示。

（7）调整合适的字体、字号、行高、列高等单元格格式。

三、页面设置

（1）设置纸张大小为：A4，页面方向：横向。
（2）根据打印预览，自行调节最佳的页边距并保存。
（3）打印预览并打印出该库存管理表。

知识储备及拓展

SUMIF函数

主要功能：使用 SUMIF 函数可以对报表范围中符合指定条件的值求和。Excel中SUMIF函数的用法是根据指定条件对若干单元格、区域或引用求和。

语法：SUMIF(range,criteria,sumrange)

参数说明：

第一个参数：range为条件区域，用于条件判断的单元格区域。

第二个参数：criteria是求和条件，由数字、逻辑表达式等组成的判定条件。

第三个参数：sumrange为实际求和区域，需要求和的单元格、区域或引用。

当省略第三个参数时，则条件区域就是实际求和区域。

使用说明：只有在区域中相应的单元格符合条件的情况下，sumrange中的单元格才求和。如果忽略了sumrange，则对区域中的单元格求和。使用SUMIF函数匹配超过255个字符的字符串时，将返回不正确的结果 #VALUE!。

sumrange参数的大小和形状与range参数的可以不同。求和的实际单元格通过以下方法确定：使用sumrange参数中左上角的单元格作为起始单元格，然后包括与range参数大小和形状相对应的单元格。但是，当SUMIF 函数中的range和sumrange参数不包含相同的单元格个数时，工作表重新计算需要的时间可能比预期的长。

应用举例：某公司的"材料入库表"如图6-3-13所示。

计算材料名称为"硫酸"的数量总和，其操作步骤如下：

（1）选择O2单元格，输入"硫酸数量总和"，如图6-3-14所示。

项目六 Excel在购销存管理的应用

入库日期	有无发票	材料代码	材料名称	规格	计量单位	数量	单价	金额
			材料入库表					
2007/4/12	有	CL-101	纳盐	DFE-005	吨	20	2.30	46.00
2007/4/13	无	CL-102	硫酸	DFE-006	吨	15	2.20	33.00
2007/4/14	有	CL-102	硫酸	DFE-006	吨	20	2.80	56.00
2007/4/15	有	CL-103	盐酸	DFE-007	吨	30	3.60	108.00
2007/4/16	有	CL-102	硫酸	DFE-006	吨	40	5.40	216.00
2007/4/17	有	CL-101	纳盐	DFE-005	吨	50	5.80	290.00
2007/4/18	有	CL-105	纤维素	DFE-009	吨	30	9.60	288.00
2007/4/19	有	CL-104	氨基磺酸	DFE-008	吨	40	1.40	56.00
2007/4/20	有	CL-103	盐酸	DFE-007	吨	30	2.50	75.00
2007/4/21	有	CL-102	硫酸	DFE-006	吨	40	4.70	188.00
2007/4/22	有	CL-102	硫酸	DFE-006	吨	50	8.50	425.00
2007/4/23	无	CL-108	矾石	DFE-012	吨	30	2.90	87.00
2007/4/24	有	CL-103	盐酸	DFE-007	吨	20	5.90	118.00
2007/4/25	有	CL-104	氨基磺酸	DFE-008	吨	60	8.30	498.00

图6-3-13　某公司材料入库表

有无发票	材料代码	材料名称	规格	计量单位	数量	单价	金额		硫酸数量总和
		材料入库表							
									165
有	CL-101	纳盐	DFE-005	吨	20	2.30	46.00		
无	CL-102	硫酸	DFE-006	吨	15	2.20	33.00		
有	CL-102	硫酸	DFE-006	吨	20	2.80	56.00		
有	CL-103	盐酸	DFE-007	吨	30	3.60	108.00		
有	CL-102	硫酸	DFE-006	吨	40	5.40	216.00		
有	CL-101	纳盐	DFE-005	吨	50	5.80	290.00		
有	CL-105	纤维素	DFE-009	吨	30	9.60	288.00		
有	CL-104	氨基磺酸	DFE-008	吨	40	1.40	56.00		
有	CL-103	盐酸	DFE-007	吨	30	2.50	75.00		
有	CL-102	硫酸	DFE-006	吨	40	4.70	188.00		
有	CL-102	硫酸	DFE-006	吨	50	8.50	425.00		

图6-3-14　输入"硫酸数量总和"

（2）选择O3单元格，单击"插入"→"插入函数"功能，弹出"插入函数"对话框，在类别选项中选择"常用函数"，在函数列表中找到SUMIF函数，如图6-3-15所示。

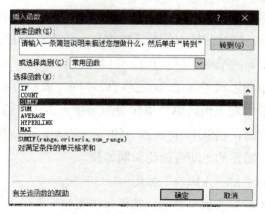

图6-3-15　插入SUMIF函数

（3）进入参数窗口，单击Range右边的小图标，选择要进行计算的单元格区域H3：H16，如图6-3-16所示。

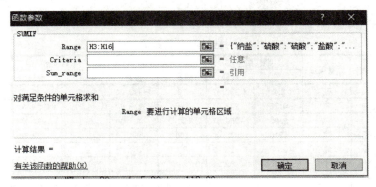

图6-3-16　输入参数条件一

（4）在第二个条件框中输入"硫酸"，如图6-3-17所示。

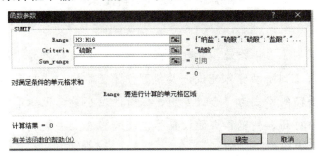

图6-3-17　输入参数条件二

（5）在Sum_range中，选择实际求和的单元格区域K3：K16，如图6-3-18所示。

图6-3-18　输入参数条件三

（6）单击"确定"按钮，即可计算出硫酸的数量总和"165"，如图6-3-19所示。

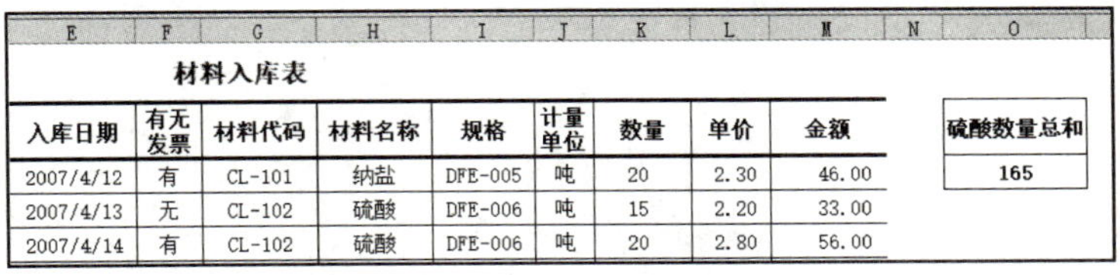

图6-3-19　返回硫酸数量总和的值

项目六 Excel 在购销存管理的应用

任务巩固

1. 资料：根据图6-3-20所示资料，利用所学函数编制某公司的"材料库存管理表"。

材料代码	材料名称	计量单位	期初库存		本期入库		本期发出		期末库存	
			数量	金额	数量	金额	数量	金额	数量	金额
101	纳盐	吨	2.2	32.68	70	336.00	3.5	42.00	68.7	326.68
102	硫酸	吨	0.75	228.57	165	918.00	4.7	89.10	161.05	1,057.47
103	盐酸	吨	2.05	350.97	80	301.00	5.1	157.20	76.95	494.77
104	氨基磺酸	吨	1710	872.00	100	554.00	1.1	29.70	1808.9	1,396.30
105	纤维素	吨	0.08	12.90	30	288.00	0.8	26.40	29.28	274.50
106	硅酸钠	吨	0.9	25.20		-	0.9	25.20		-
107	红糖	吨				-		-		
108	矾石	吨			30	87.00		-	30	87.00
109	石膏粉	吨				-				

图6-3-20 材料库存管理表

要求：

（1）打开"知识训练"工作簿，新建一张工作表，并重命名为"材料库存管理表"。

（2）要求A、D、E列手动输入完成，其他列使用函数或公式自动生成。

（3）要求所有金额的格式为"会计专用、保留两位小数、无货币符号"。

（4）调整合适的行高、列宽和页面设置等，使表格看上去美观大方。

（5）完成后单击"保存"按钮。

2. 打开"购销存管理"工作簿中的"材料入库表"工作表，在N3单元格中用SUMIF函数计算乙材料的数量总和。

成果展示及评价

每位同学就任务的完成情况作个人学习总结。然后以小组为单位，可选择Excel电子表格、纸质文稿、演示文稿、展板或海报等形式进行展示，并推荐一名同学汇报学习成果。

1. 个人学习总结

完成情况：_____
_____
_____

遇到困难：_____
_____
_____

解决方法：_____
_____
_____

存在问题：_____
_____
_____

2. 学习任务评价表

学习任务评价表

班级：　　　　　　　　　　组别：　　　　　　　　　　姓名：

评价项目	项目内容及评分标准	分值	自我评价（20%）	小组评价（30%）	教师评价（50%）
职业素养	1. 能积极主动完成并上交老师布置的任务	20			
	2. 能与小组成员协作，有较强的团队意识	10			
	3. 任务实施过程是否安全、文明	10			
	4. 总结简明扼要、重点突出、思路清晰	10			
专业能力	1. 能按要求在规定时间内完成所有任务	10			
	2. 熟练对SUMIF、ISNA等函数的使用	30			
	3. 表格打印（或预览）美观大方	10			
创新能力	学习过程中提出具有创新性、可行性的建议	小计			
	创新加分	汇报加分	团队加分	综合得分	
教师评语					

指导教师签名：　　　　　　　　　　　　　　　　年　月　日

参 考 文 献

[1] 沈国兴．Excel在财务会计中的应用［M］．上海：立信会计出版社，2015．
[2] 姜国君，王兰兰．Excel在会计实务中的应用［M］．上海：立信会计出版社，2015．
[3] 肖月华，肖子蕾．Excel在会计及财务中的应用［M］．北京：电子工业出版社，2015．
[4] 尚艳钦，李苒．Excel在财务会计中的应用［M］．北京：北京理工大学出版社，2016．
[5] 付姝宏．Excel在会计中的应用［M］．北京：中国人民大学出版社，2014．
[6] 谭健，刘琪，朱新英．Excel在会计信息处理中的应用［M］．北京：清华大学出版社，2010．
[7] 崔杰．Excel在会计和财务中的应用［M］．北京：清华大学出版社，2013．